世界经典家教系列丛书

家庭是孩子最好的学校

——约翰·洛克的家庭教育

田学超　梁勤　编

中国社会出版社

国家一级出版社·全国百佳图书出版单位

图书在版编目（CIP）数据

家庭是孩子最好的学校：约翰·洛克的家庭教育／田学超，梁勤编. —北京：中国社会出版社，2016.11

ISBN 978 - 7 - 5087 - 5511 - 3

Ⅰ.①家… Ⅱ.①田… ②梁… Ⅲ.①家庭教育 Ⅳ.①G78

中国版本图书馆 CIP 数据核字（2016）第 294168 号

书　　名：	家庭是孩子最好的学校——约翰·洛克的家庭教育
编　　者：	田学超　梁　勤

出 版 人：	浦善新		
终 审 人：	胡晓明		
责任编辑：	牟　洁	责任校对：	陈　蔚

出版发行：中国社会出版社　　邮政编码：100032

通联方法：北京市西城区二龙路甲 33 号

电　　话：编辑室：（010）58124861

　　　　　销售部：（010）58124841

　　　　　　　　　（010）58124842

网　　址：www. shcbs. com. cn

　　　　　shcbs. mca. gov. cn

经　　销：各地新华书店

中国社会出版社天猫旗舰店

印刷装订：中国电影出版社印刷厂

开　　本：170mm×240mm　1/16

印　　张：14.25

字　　数：200 千字

版　　次：2017 年 1 月第 1 版

印　　次：2018 年 3 月第 2 次印刷

定　　价：45.00 元

中国社会出版社微信公众号

前　言

　　家庭教育、学校教育、社会教育是一个人成长和成才所需经历的三大教育。在这三大教育中，家庭教育首当其冲，尤为重要。如果，把一个人的成长和成才比作一棵树，那么，家庭教育就是树根，学校教育就是树干，社会教育就是树冠。家庭教育不光是学校教育和社会教育的根基，也是它们的支撑和保障。

　　家庭是孩子的第一所学校，也是他的终身学校；父母是孩子的第一任教师，也是他的终身教师。

　　如何教育好自己的孩子？这是当今父母所遇到的一个难题。

　　今天，不管是70后、80后还是90后，作为父母，我们遇上了历史上从来没有过的一段特殊的时期：科学技术的迅猛发展、传统观念的断层裂变、贫富差异的日益分化、互联网的深入影响、快节奏的生活方式、多元化的社交网络、信息爆炸的碎片化、人口迁移的多样性、教育资源的差异化……从计划经济时代到市场经济时代，从独生子女　代到放开二胎……无不深深影响着我们每一个家长对孩子的教育，关系孩子未来一生的成长。

　　今天，家庭教育已面临着前所未有的挑战，比历史的任何时期，都更受家长的关注和重视。

　　没有教育不好的孩子，只有不懂教育孩子的父母。不同的父母，不同的家庭教育环境，不同的教育方法和理念，教育出来的孩子截然不同。

懂教育的父母，可以成就孩子的一生；而不懂教育的父母，则可能毁了孩子的一生。

家庭教育成败的关键不是孩子而是父母，所以教育孩子应从父母抓起。

基于此，为了让新生代父母能真正成为孩子的第一位老师，完全掌握好的教育方法和理念，我们特从浩如烟海的世界家庭教育经典名著的历史长河中精心编著了这套"世界经典家教系列丛书"。这套书精心遴选了经过岁月的洗礼和时间的考验，结合前人的经验和后人的印证，已被后世所公认的家教经典：《学会与孩子对话——查斯特菲尔德给儿子的忠告》《培养天才的传世秘籍——卡尔·威特的教育》《打开孩子的财富之门——洛克菲勒教子书》《和孩子一起找到学习的乐趣——斯宾塞的快乐教育》《孩子也是父母最好的老师——斯托夫人自然教子书》《扮演好你在孩子眼中的角色——罗斯福教子书》《家庭是孩子最好的学校——约翰·洛克的家庭教育》《发掘孩子身上的巨大潜能——哈佛名人教子书》《走进孩子心灵的捷径——蒙台梭利育儿全书》《富过三代的秘密——摩根家族教子书》。

这套享誉全球的世界家教经典读物，揭开了孩子成长发展的奥秘，堪称改变和影响了全世界孩子成长的教育圣经。

这是一套值得每位父母收藏的家教经典，涵盖了孩子在成长和成才过程中的各个方面：包含健康的体魄、健全的人格、高尚的品性、良好的学习方法、完美的人际交往、个性的独立、能力的提升、财富的获取、情感的经营，以及日后婚姻、家庭、生活、事业等方方面面。

一套十本，每本书分别着重从不同的角度和方面来阐述对孩子的教育。这里的每本书可以分别独立，十本书又互成一体，全方面、全方位来帮助家长更好地教育孩子。

这套经典家教读物，影响深远，涵盖古今，气势恢宏，弥补了当前国内全面系统、深入细致、权威有力介绍世界家庭教育名著的空白，且有着其独有的魅力与特色：其一，这是一套推动西方教育革新，影响全世界几代人成长，历经数百年而不衰的教育精华，所选的每一本都是经典中的经典，权威中的权威；其二，每一部作品，结合当前的教育，使影响世界教育进程的大家作品与时下父母的教子需求完美结合；其三，深入浅出，通俗易懂，让高高在上的教育论著走下神坛，成为最接地气的家教读物；其四，没有干瘪的说教，不是枯燥的论述，而是案例丰富，故事生动，可读性强，借鉴性大，实用性强，启发性大……

这是一个教育最好的时代，这也是一个教育最坏的时代。谁能抓住孩子教育的黄金时代，谁就能给孩子创造一个美好的未来。

希望每一个孩子都能健康成长、快乐成才；希望每一个父母都能教子有方、助子成才。

希望把这套家教读物送给每一位已为父母和即将为父母的人，还有每一位教育工作者和每一所图书馆。

给孩子最好的礼物，莫过于给孩子最好的教育。

给孩子最好的教育，从此书开始吧……

谨以为记。

田学超
2016 年 5 月 20 日于武汉

目录

第一章 健康是培养孩子的首要任务

1. 孩子的身体要穷养……4
2. 别让孩子穿得太暖……5
3. 给孩子用冷水洗脚……7
4. 读书和游泳同样重要……9
5. 带孩子走出家门……11
6. 让孩子自然成长……13
7. 清淡饮食最健康……15
8. 三餐时间不用固定……18
9. 水果应该怎样吃……19
10. 早睡早起身体好……20
11. 硬板床比席梦思好……22
12. 健全孩子的"消化道"……23
13. 是药三分毒……25

第二章 培养孩子健康的精神

1. 幼年的教育影响孩子的一生……29

2. 帮助孩子养成好习惯……31

3. 坏习惯难以根治……32

4. 给孩子好的精神食粮……33

5. 不要让孩子被诱惑迷住双眼……35

6. 理性规范孩子的欲望……37

7. 不妥协于孩子的不合理要求……38

8. 树立父母的威信……39

9. 建立良好的家庭模式……40

第三章　培养孩子做人准则

1. 不可对孩子进行体罚和辱骂……41

2. 体罚的四大弊端……42

3. 千万不要"贿赂"孩子……44

4. 别把孩子当成动物一样训练……45

5. 正确的奖罚制度塑造孩子健康人格……46

6. 怎样的奖罚制度是正确的……46

7. 培养孩子谦虚知耻和从善如流的心理……48

8. 尽量和孩子平视对话……49

9. 注重孩子的心理健康……49

10. 注意孩子的沮丧情绪……50

11. 保持孩子的羞耻心……51

第四章　家庭品德教育

1. 别当众数落孩子短处……54

2. 欣赏孩子的稚气与童真……54

3. 不要勉强你的孩子……55

4. 给孩子定规则要越少越好……56

5. 孩子不是靠规矩约束教好的……57

6. 培养不矫揉造作的孩子……58

7. 榜样的力量……60

8. 远离坏的榜样……62

9. 家庭教育能弥补学校教育的不足……64

10. 放纵孩子的诡计危害无穷……66

11. 不要做了孩子的坏榜样……68

12. 了解孩子而不是溺爱他……69

13. 别让学习成为孩子的负担……70

14. 学习也可以像玩游戏一样轻松……71

15. 抓住孩子学习的最好时机……72

16. 千万不要命令孩子去做一件事……73

17. 责骂会损伤孩子的才智……74

18. 什么时候可以打孩子……75

19. 幼稚和顽劣的区别……77

第五章　对孩子实施民主

1. 告诉他什么是美或丑的榜样……80

2. 怎样打孩子最合适……81

3. 鞭笞是最后一招……82

4. 不打不成才吗……83

5. 因材施教……84

第六章　为孩子寻找导师

1. 给孩子选择好的导师……86

2. 选择孩子导师就像给自己选择配偶……87

3. 导师应该礼仪周全……89

4. 除了知识，导师还要懂得人情世故……92

5. 帮助孩子走向社会……93

6. 具备绅士的品德和要素……95

第七章　与孩子交心做朋友

1. 唠叨有损父母在孩子心中形象……99
2. 要赢得孩子的友谊……100
3. 耐心倾听孩子的诉说，取得他的信任……101
4. 交谈同样适用于师生之间……103
5. 让孩子知道你是他的依靠……104
6. 尽早发现孩子的缺点……104
7. 帮助孩子战胜放任的欲望……106
8. 淘气是孩子的年龄段特有的……108
9. 给予孩子消遣的自由……110
10. 尽早培养孩子的忍耐与慷慨……111
11. 培养孩子的公平公正意识……112

第八章　对孩子德育的培养

1. 了解孩子哭泣的种类……114
2. 了解孩子的恐惧……118
3. 让孩子习惯于受苦……122
4. 挫折教育……125
5. 培养孩子仁爱之心……126
6. 让孩子学会尊重别人……128
7. 运用孩子的好奇心……129
8. 孩子的问题不能妄加答复……130
9. 对待孩子必须"言必行，行必果"……132
10. 孩子有超出他言辞的推断力……133
11. 肯定孩子敢于提出反对意见……134
12. 如何应对孩子的"漠不关心"……135

13. 让他做他喜欢的事情……136

14. 如何对待天性懒散的孩子……138

15. "笨孩子"也会创造奇迹……139

16. 不愿读书就干活……140

17. 孩子热衷新颖形式的教育……142

18. 填鸭式教育对孩子不利……143

19. 如何应对孩子的贪婪……144

20. 让孩子痛恨撒谎……146

21. 大多数孩子都会说谎……147

22. 鼓励孩子诚实……147

第九章　培养绅士淑女

1. 保持孩子心灵的单纯……149

2. 注意孩子可能产生的邪恶……151

3. 父母是孩子的第一榜样……152

4. 品德的必备要素……153

5. 为智慧做准备……154

6. 美德的外在体现在礼仪上……155

7. 学会避免礼仪不周……156

8. 粗暴，轻视和为难别人，都是不对的……157

9. 刁难别人，也是不对的……158

10. 礼貌的尺度……159

11. 别让儿童陷入无谓的繁文缛节……160

12. 教孩子别随意打断别人的谈话……161

13. 朋友是陪伴孩子一生的人……163

第十章　教育的过程

1. 语言是早期教育的关键……165

2. 让孩子把学习当成游戏……166

3. 让孩子通过游戏了解世界……167

4. 掷骰子学字母……169

5. 要让孩子从第一本书便尝到读书的甜头……170

6. 孩子还不能阅读的时候可以反复地读给他听……171

7. 别让孩子读完全不懂的书……172

8. 如何锻炼孩子的记忆力……173

9. 孩子如何学习写字与绘画……174

10. 学画不是为了培养画家……174

11. 像学母语那样学外语……176

12. 喜欢老师，有助于孩子喜欢功课……177

13. 教学方法永远排第一位……179

14. 死记硬背是徒劳的……180

第十一章　培养绅士的其他功课

1. 把孩子带到大自然中去……182

2. 学地理要眼见为实……184

3. 算术、天文学和几何……184

4. 与地理同时学的历史知识……186

5. 诡辩是一种恶习……187

6. 这样锻炼孩子的口才……187

7. 用正确的方式写作和说话……188

8. 趁早打好语文的基础……189

9. 条理性和恒心……191

10. 舞蹈是孩子获得优雅仪态的最好方法……191

11. 要让孩子懂得欣赏音乐……192

12. 骑马和击剑应该学习吗……193

13. 手工技艺有益孩子身心健康……194

14. 如果不是特别有天分，最好别学画画……195

15. 园艺和木工最好都会点……196

16. 大人物的泥腿子……196

17. 娱乐是换一种工作方式……197

18. 学习正当的手艺不会妨碍正业……198

19. 教你的孩子学会记账……199

20. 旅行长见识不要安排在青春期……201

21. 错误的时间安排会让孩子的旅行一无所获……202

22. 旅行中的受益应该从交流开始……203

23. 最合适的出行年龄……204

附录　约翰·洛克的家庭教育格言……205

第一章　健康是培养孩子的首要任务

　　父母是天然的教师，他们对儿童，特别是幼儿的影响最大！他们不仅教导孩子的学习，更重要的是培养孩子的性格和行为习惯，关注孩子的生理和心理健康，让孩子养成良好的品性，成为有自尊心、自信心、责任心、主动进取的人。

　　每个孩子来到人世间，都是一枚未经雕琢的璞玉，纯洁无瑕，等待渲染世间最灿烂的颜色。这期间，父母和老师对其的影响都尤为重要，尤其是孩子父母。作为孩子最先模仿的对象，父母的言行举止、行为习惯，都可能对孩子的未来造成不可估量的影响。

　　而0~3岁是孩子性格的养成期，这期间孩子主要是通过对外界的模仿来进行学习，父母是形成这块玉石初坯的关键。

　　人在幼年时期，所萌生的意识就像是泉眼里涌出的泉水，活泼而无拘无束，很容易受到地势的力量而改变。

　　而此时，所有不稳定的外界因素都将成为扼杀孩子美好未来的刽子手。许多父母也都意识到该时期对于孩子来说尤为重要，所以也在特别注意自己的言行举止、行为习惯，并互相监督，希望给孩子树立一个好的学习模仿的榜样。

　　但刻意的纠正并不能掩盖性格本身上的缺陷。幼儿时期的孩子十分敏感，任何一点的情绪波动都可能被他察觉，再完美的伪装也有露出破绽的时候。但是孩子的眼光非常单纯清透，根本无从分辨人性中流露出的好坏。他们就像刚刚破茧重生的蝴蝶，美好而脆弱，对世间充满向往，不断汲取着周围可能汲取到的所有知识营养，填满自己脑中空旷而清澈的海洋。许多未知的环境都可能对孩子带来负面影响，成为孩子成长路上的绊脚石，这些也是家长在教育孩子时经常会碰到的困境。

于是，一些父母把教育孩子的希望寄托在老师身上，希望老师可以给孩子带来最优良的教育，让他们养成好的行为习惯，帮助孩子更好地成长。

可是，这样的父母是否有想过：

假如你是幼儿教师，当一群陌生的孩子出现在你的面前，一些乖巧礼貌，一些任性胡闹。平心而论，你能做到"有教无类"，对这些孩子一视同仁，甚至花更多时间在那些"任性"的孩子身上吗？

答案不言而喻。可见，家庭教育是决定孩子命运的重要因素！

健康的身体是一切之本，健康的精神是幸福之源。健康的身体加上健康的精神，是幸福人生的基本注解。只有同时获得了身体和精神上的健康，才等于拥有了一切，才会获得物质世界和精神世界的双重满足；相反，如果有一方不那么健康，就无法充分享受自己拥有的一切，也将在人格上形成缺憾，终其一生也无法获得圆满。

一个精神不健全的人，在性格和行为上都有明显缺憾，他们会成为人群中的异类，会让人孤立、用异样的眼光对待。久而久之，将形成一种精神疾病，甚至产生愤世嫉俗的心理。当然，这是最为严重的后果，但也是不可忽略的潜在威胁。

除此之外，精神不健全的人，在生活和工作上也存在极大的弊端。他们无法独立照顾自己，也无法完美地完成工作。渐渐地，他们就会被身边的人还有社会所淘汰，成为失败者。

而天生体质差的人，因为身体的原因，让他们在工作和生活上也会受到许多局限。不管其有多优秀，不管其有多么坚忍不拔的性格，没有好的身体，在面对想办好事情时，也只能有心无力。

有一种人，他们拥有健康的身体、健全的精神世界，自幼便露出过人的天赋，一直朝着目标的高境界迈进，从而注定了他们的成功。

成大业者，毕竟只是凤毛麟角，更多的芸芸大众，有好人，也有坏人；有的人碌碌无为，有的人却成就一番事业。为什么会有这样的千差万别？决定这一切的，是教育。

教育方式的不同，人获得的成就便不同。童年时期受到的影响，哪怕再小，也将影响人的一生。

人类无法选择自己的出生，也无法选择自己的环境，唯一能选择的，就是未来自己将走上怎样的一条道路。但是这唯一的一次选择，也与父母最初带给我们的教育息息相关。

每个人都无法选择自己的出生，父母的一次欢愉，将其带到世界上，这是每个人无法选择的，更无法更换父母。他将来是成功、失败，还是碌碌无为，完全取决他父母教育的方式，以及他在早期成长过程中受到的某种层次的家庭教育。所以说，家庭教育决定了孩子终生的命运。

家庭是孩子入读的第一所学校，但家庭教育又与学校教育有着本质的区别。家庭教育，既不能浮躁，又不能因为孩子成绩不好而"开除"。家庭教育的独特方式在于——通过家庭环境、氛围、父母的言论和行为，对孩子产生深刻的影响，继而对其人格和素质产生影响，塑造出孩子高尚的人格和素质。

家庭教育不仅是教育的基础，也是教育的关键，带给孩子的影响十分深远，是学校及社会教育都无法取代的。

在英国，有一个大名鼎鼎的书香门第——爱德华家族。这个家族从博学多才的哲学家老爱德华开始，已经传了八代了。老爱德华为人严谨勤勉，他的子孙颇有成就，其中，有13位当过大学校长，100多位教授，80多位文学家，60多位医生，1人当过大使，20多人当过议员。

而英国，还有一个臭名昭著的珠克家庭也传了八代了。老珠克是当地有名的酒鬼和赌徒，一辈子浪迹人生。他的子孙后代内，有300多人是乞丐，400多人因酗酒致残或死亡，60多人以诈骗和盗窃为生，还有7人做出杀人越狱的事情，是著名的败类家族。

可见，家庭中持续灌输的是非观念、善恶标准和做人原则，是影响孩子一生的重点。如若珠克家族中有一个孩子一出生就被爱德华家族抱养，他是否会改变劣性呢？相反，如果爱德华家庭的孩子被珠克家族抱养，得不到良好的教育和影响，他还会品格高尚吗？答案显而易见。这就是我为什么认为家庭教育是重中之重的原因。

1. 孩子的身体要穷养

其实要孩子健康很简单，一句话概之：若要小儿安，三分饥与寒。

孩子在幼年时，就像潺潺的溪水，它是流向广阔的大海，去拥抱更大的世界，还是流向污腐之处，汇入臭水沟里呢？

对于整个人生来讲，聪明的头脑固然十分重要，但所谓勤能补拙，只有聪明并不能决定孩子未来到底能走多远，最关键的还在于对孩子潜在智力的开发和引导。在幼儿时期，父母对孩子头脑发育的引导至关重要，开发孩子的智力、引导孩子的想象力、提高孩子的动手能力和说话能力，这些都是为孩子未来发展奠定牢固的基础。

但是身体作为承载一切的根本，也是不容忽视的。所以，我们谈家庭教育，就先从谈健康身体来着手。

我们说的健康问题，不是像医生那样，思考如何让生病的孩子恢复健康。作为父母，我们应该有更超前的意识：怎样保持和增进孩子的健康。健康的身体能够抵御任何疾病的侵害，很多时候我们应该主动出击去巩固，而不是在发生问题之后再去想办法解决。

其实要孩子健康很简单，一句话概之：若要小儿安，三分饥与寒。

这句话一定会令所有的父母大吃一惊，母亲们会说，我们辛辛苦苦地养育他，不就是要让孩子吃饱穿暖吗？你这种残忍的说法实在是太不负责了！父亲们也会说这种说法缺乏科学依据，我们就算没有吃过苦，也知道那是一种难受的折磨，怎么能再让孩子去受这样的折磨？

但我说的这一切，绝非无稽之谈，有很多例子可以为我佐证，我会在后面跟大家详细谈论这些例子。

这些年来我观察过很多身体不够强壮或者爱生病的孩子，发现他们有个共同特点：娇生惯养。孩子们的母亲和祖母或许不觉得，但是我得告诉她们，正是她们溺爱的方式造成了孩子的羸弱。无休止的宠溺未必就是对孩子真的好，母亲和祖母在疼爱孩子的时候，也应该讲究方式方法，用真正正确的方法去关爱孩子的成长。

2. 别让孩子穿得太暖

我们的身体比我们想象的强大得多，冰雪和骄阳都可以战胜，大月氏人可以锻炼得不怕冷，摩尔人可以锻炼得不怕热。

我们在娘胎的时候，寸缕不着，来到人世间，身体的各个部位的感知都是差不多的。脸的耐寒程度并不比其他部位更强，后来之所以脸比其他部位都不怕冷，那是因为长期的裸露让脸适应了温度的变化。同理，我们的身体也是一样。一味的保暖只会让身体越发耐不住严寒的考验，稍微一点温差变化，就可能让你被感冒击倒。小孩子虽说抵抗能力不如大人的强，但也并不是弱不禁风，只要坚持长期的锻炼培养，一样可以抵御任何风雪的打击。

古代大月氏的哲学家们深谙此道，他们在冰天雪地里赤裸上身，吓着了古雅典人，他们觉得太可怕了，甚至觉得这些人是傻瓜。但是，大月氏的哲学家反问他们：“天气的确很冷，但是你们的脸为什么不怕呢？”雅典人说：“脸早就习惯这样了！”

这个故事告诉我们，习惯是关键。自幼养成的习惯能让我们的身体承受极限环境。这也是环境造就人生的最佳例证。很多时候我们不敢尝试，只是因为我们固有思维中已经认定，如果我这样做肯定会怎样，但其实，尝试永远比臆想来得可靠。

与之相反的一个例子，是我在一本游记中看到的。游记的作者到了摩尔，发现这里是全欧洲最热的地方，比罗马热得多，无风、闷热的天气将摩尔人晒得像吉卜赛人一样黑，可是，这么闷热的地方，这里的农民却能在最热的午间下地种植。对于他们来说，在这样的烈日下种植实在是再正常不过，因为他们已经习惯了这样的温度。

但是其他地方的人们由于习惯了在早晚气温最适宜的时候劳作，没有经受过烈日的炙烤，过高的温度便会让他们觉得难受，甚至中暑。这其中唯一的区别，不过是习惯而已。

由此可见，我们的身体比我们想象的强大得多，冰雪和骄阳都可以战胜，大月氏人可以锻炼得不怕冷，摩尔人可以锻炼得不怕热。所以只要坚持锻炼，不管是酷暑还是严寒，对于我们来说，都可以战胜。

当然了，最开始的时候肯定是痛苦并难受的，但只要我们肯坚持，结局一定会让我们吃惊。

就算是在寒冷多雾的英国，也无须过于防寒。有些人即使在大冬天也穿着夏天的衣服，他们也不觉得比别人冷，他们也不会生病。霜雪天气，母亲为了给孩子防寒，给他穿得厚，也是可以理解的，但是千万不能让孩子过暖。

我要奉劝为人父母者，多给孩子制造一些难题吧，不管是冷或是热，多让孩子感受一下四季变化，让他们习惯自己去抵御。我们不能将他们养成温室里的花朵，经不得一点的风吹雨打，这样对于孩子来说并不是真的好。你们可曾想过，当他们走出温室的时候，该如何面对外面的冰天雪地、骄阳似火？

大自然十分聪明和周到，它让我们的头上长了一层毛发，已经足以保护我们的大脑不会着凉，孩子们已经在地球上生活了好几年，他们的适应能力超乎了我们的想象。所以，尽量不要给孩子戴帽子了，放心吧，冻不坏的。老把脑袋闷在暖乎乎的帽子里，才最容易引起头痛脑热、伤风感冒的毛病。

3. 给孩子用冷水洗脚

让孩子受苦，是父母最难受的，但这一时的苦若是为了明天的甜，父母还觉得难受吗？

刚刚说了头，我再来说一下脚。我的意见是：每天用冷水给孩子洗脚。这个问题我后面会详细地讲，现在我想说的是，赶紧给孩子换一双薄一点的鞋子吧，甚至让孩子释放脚丫，感受地面的温度未尝不是一件好事。鼓励孩子体验踩水的乐趣！对此，肯定很多人会反对了：踩脏了怎么办？弄脏了脚不卫生呀！洗鞋洗袜子也麻烦。可是，如果能让孩子更加健康，你不觉得这一切都是微不足道的吗？

那些娇气惯了的人，脚一受凉就会感冒发烧，他就会后悔小时候没有像穷人的孩子那样光脚长大了。

脚受了冷就会着凉，但是手却不会。手每天都裸露在外，不时触摸冷水或冷的东西，也不会导致身体不适。手和脚都是我们身体的器官，为什么适应能力却是千差万别？这只能有一个原因：就是我们的手出生后便开始适应寒冷，而脚则被包进了温暖的靴子里。

设想一下，假如我们出生后便不穿鞋，而是戴上手套，久而久之，我们的手是不是跟脚一样变得娇气了？这个时候如果我们的手沾上了水，是不是就跟现在脚沾了水一样麻烦？所以，说到底脚变得娇气，就是我们自己宠的！如果我们让孩子从小就穿透气透水的鞋子，坚持让他用冷水洗脚，这样不仅能够帮他清洁脚部，还能把他的双脚锻炼得"百毒不侵"，这对健康是最有益的。

我知道有人这样做过，即使在最寒冷的冬天，水面结了冰，他还是打来冰底下的凉水，让孩子把脚和小腿肚浸在里面洗。孩子很小，小到都不会自己擦脚，突至的寒冷让他哭了起来，但是父母却仍然把他的脚按在里面。有一句话叫作"打在孩子的身上，痛在母亲的心里"，让孩子受苦，是父母最难受的。但这一时的苦若是为了明天的甜，父母还觉得难受吗？

洗脚的时间大可不必限定，白天晚上都可以，只要父母觉得方便就好。还有就是，能把洗脚的事持之以恒地做下去就好了！刚开始的时候，可以选择在温度适宜的春秋两季，让身体有个适应的过程。如果是从冬天开始，那么，一开始可以用温水，然后水温越来越低，不久便可以完全用冷水了，以后不分冬夏，都可以用冷水洗了。冷水洗脚不仅可以提高身体的免疫力，还可以预防鸡眼。

许多父母觉得冷水太过刺激，对孩子来说简直是致命的武器。所以别说冷水洗脚了，就连洗手都是不愿意的。殊不知，正是因为父母的不忍，让孩子失去了适应的过程，于是一旦气温骤然变化，孩子就会感冒。此时再来想办法解决，打针或是吃药，破坏了孩子本身的免疫能力，身体只会更差。

习惯的养成不可能一朝一夕，冷水洗脚这件事情也一样，孩子起初也许不适应，当他适应了过来，便不会在突然而至的寒冷袭击时病倒了。这本身也就是个循序渐进的过程。慢慢降低水的温度，让他自己去感受温度的变化，到最后真用到冷水的时候，他也并不觉得有多刺激难受。孩子长时间坚持对冷的适应，也让他对外界的气温变化不那么敏感，自然不会像以前一样容易病倒了。

我能想象妈妈们听完我的锻炼方法后的反应：风雨降临的时候，鸟妈妈都会把幼儿保护在自己的羽翼之下，你却让我把孩子娇弱的双腿泡在冰冷的水里！

爱护孩子是每个母亲的天性，我本人也对这样崇高的母爱表示尊敬。其实哪有不爱孩子的父母呢，谁都希望可以把最好的东西捧到孩子面前，让他享受。唯一不同的是，分辨清楚到底怎样才是对孩子真正的好。保护孩子不受伤害本身并没有什么过错，但是用冷水洗脚这件事情，不仅不会伤害孩子，还对他有益。

温柔体贴、尽职尽责的母亲们请不要慌张，容我再举几个例子。

犬儒哲学的代表人物辛尼加出身豪门，他在第56封和第83封书简里直言自己习惯于冬天在寒冷的泉水里泡澡。这种坚持让他拥有强于很多豪门子弟的健康体魄，也锻炼了他的思想。或许，你会说这只是由于他信奉犬儒哲学、清心寡欲的结果。即使如此，至少证明冷水浴对健康的益处。

华莱士也是一个钟情于冷水浴的名人，他不信教，没有宗派，只相信冷水浴对身体的益处。或者大家又会说，那是因为意大利不像英国这么寒冷，那么，法国和波兰呢，这两地可比英国冷多了。那些犹太人，一年四季都泡在河里洗澡，他们身体健康，精力充沛，是世界上最聪明的民族。这奇迹可不是著名的圣温佛雷井带来的，如果你愿意，英国乃至全世界到处都有这种灵丹妙药。这种药不但不会伤害身体衰弱的人，反而对恢复他们的健康有着十分灵验的作用。这味灵药就是冷水浴，它对健康的作用，实在不容小视。

说到这里，也许还会有人觉得儿童的身体过于幼嫩，根本不能承受这种健康的成年人的锻炼。你是否知道，古法国人和现代爱尔兰人，都会给婴儿进行冷水浴来锻炼他们的身体？苏格兰高地的妇女，至今仍然沿袭古法来锻炼她们的孩子，就算水里结了冰，也要带孩子去洗冷水浴。这一切证明，只要循序渐进，冷水浴对孩子是毫无害处的。

不仅没有害处，长期坚持考验下来，不但会让孩子有一个健康强健的体魄，还能锻炼出坚持不懈、吃苦耐劳的优良品质，这些可是金钱买不到的。

4. 读书和游泳同样重要

在古罗马，人们将游泳看成是和文学一样重要的事情。

在所有的运动中，我认为游泳是最好的，不仅能有益身心，还能放松情绪。

游泳是公认的对身体最好的运动之一，长期游泳不但可以提高我们的心肺功能，还能锻炼我们的忍耐力，提高肺活量，大大提升人的身体素质，提高抵抗力。不仅如此，游泳还能够减肥，因为在水底因为压力和阻力的关系，再加上水温较冷，更加速了脂肪的燃烧，还可以强健肌肉。

对于孩子来说，除了上述的优点之外，还有长高和锻炼手脚协调能力的好处。当然，会游泳的好处不止是这些。在危机时刻，尤其是洪灾来临时，会游泳的人在灾难发生时能自救，也可以救助别人。父母应该意识到这一点，教孩子游泳，如果自己不会，就让孩子套着救生圈自学。当然，水火无情，教孩子游泳，一定要做足相应的措施，以保平安。

除了自救和救人以外，游泳还能促进血液循环，放松肌肉，是很健康的一项运动。有一点值得注意的是：千万不要在孩子运动之后浑身发热的时候跳进冷水里，这时候血脉贲张，抵抗力下降，急速冷却会让他们生病。

游泳原本的目的是为了让孩子得到锻炼，增强抵抗力，所以自然应该选取适当的时候和适当的方式。并且在教孩子游泳之前也要准备好相应的应急措施，避免发生意外。

在古罗马，人们将游泳看成是和文学一样重要的事情。在他们眼里，不读书、不会游泳的人是没有教养的。将读书和游泳并列在一起来提，可见游泳对于他们来说是多么神圣的存在。读书丰富我们的精神世界，游泳强健我们的体魄，健康的身体加上健康的精神，实在是人们都梦寐以求的结合。

另外，游泳前最好做一些热身运动，踢踢脚，扭扭腰，以避免在水里发生抽筋的现象。其实不止是游泳之前，在做任何运动之前都要先热身，这样可以避免在运动过程中发生意外。

5. 带孩子走出家门

孩童时期是习惯形成的初期，而这个时候的孩子对父母的依赖很高。孩子将来是强健还是娇弱，全赖父母的培养。

露天生活，对健康也是大有好处的，特别适合成长中的儿童。

相信我，室外的空气绝对比室内来得清新有利得多。

家就像一个温室，长期生活在温室里的孩子是不健康的。就像养在家里的花草要经常搬到室外接受雨露一样，孩子们也需要在自然界里吸收天地间的灵气。

尤其是在冬天，不要整天躲在屋里烤火，那样身体会越来越弱，一定要到外面多走走，去适应大自然。潜移默化地培养孩子的身体对天气的适应能力，能让孩子的身体适应力更强，等他长大了再培养，就太晚了。

就像前面我提到过的用冷水洗脚一样，这是一个过程，是必须坚持和习惯的过程。只有经过霜雪的梅花才会更加沁香扑鼻，也只有经过锤炼的身体才会更健康强壮。不要给孩子过多的关爱，更多的时候让他自由地成长，接触一些我们潜意识里认为的危险，让他自己去寻找解决方法，让他自己去习惯这种危险。这样，在他们遇到更大的危险难关时，才会沉静下来，冷静思考，进而想办法去解决。而不是被困难击倒，成为一个毫无用处的人。

要改变一个大人的生活习惯、行为习惯可能很难，但是要改变一个孩子的习惯却非常容易。因为孩子就像是一张白纸，你可以在上面绘画出任何你想要的形状。

孩童时期是习惯形成的初期，而这个时候的孩子对父母的依赖很高，孩子将来是强健还是娇弱，全赖父母的培养。如果对孩子过于爱护，不让他经受风吹日晒，男孩长大了，便会是个没有多大用处的美男子。至于女孩子，虽然说要保持她的容貌和皮肤，但我仍然认为，户外活动不仅不会损害她的容貌，反而会让她们更添健康之美，让她们有更强的适应能力，这对她们将来的幸福是大有好处的。

户外活动存在的唯一危险在于：当孩子们跑来跑去，玩得发热的时候，因为贪凉而敞开衣服或者坐躺在阴湿的地方，就会因此而着凉，弄不好还会病得很严重。

我们在运动的时候，身体就会发热出汗，此时我们的毛孔会自动打开，散发来自体内的热气。如果在这个时候脱掉衣物，或者坐在阴冷潮湿的地方，打开的毛孔会吸收来自外界的寒气而骤然闭合。这样一来体内的热气散发不出去，冷热交替之下，非常容易引起感冒。而且由这种原因引起的感冒，一般都会比普通感冒更为严重。

在孩子年幼的时候（2～6岁），由于他们自己并不具备这样的生活常识，所以我们作为父母，应该看好孩子，在适当的时候提醒并照看他们。

当孩子运动出汗时，让孩子先喝一点水，然后替孩子擦汗。如果要脱减衣物，一定要在孩子还未出汗之前，否则很容易引起感冒。年幼一点的孩子，可以在外出时准备一条容易吸汗的干净毛巾，孩子出汗之后，不要急于脱掉孩子的衣物，而是将毛巾垫在孩子的内衣里，等到内衣表面烘干之后，再帮孩子减少衣物。

在这个过程之中，父母还应该适当地教育孩子，教导他学会自己照看自己。因为骤热骤冷非常容易引发感冒，父母不会时时刻刻陪伴在孩子身边，所以需要孩子自己学会在何时减少衣物。当然，这是一个循序渐进的过程，孩子并不能一教就会。

等孩子到了懂事的年龄，就需要对他严格管教了，禁止他在玩累了热起来的时候用急速的方法降温。一旦形成习惯，他就会自己照顾自己了。

作为父母，在孩子的幼童期帮助他养成习惯，到了懂事的年龄，就应该信任孩子了，告诉他正确的方法，督促他自己安排好自己，时间久了，孩子就会懂得自己安排自己，照顾自己了。

你不可能照顾孩子一生，所以，好习惯是父母给孩子受用一生的最好礼物。

6. 让孩子自然成长

自然法则，是最聪明的法则。

"男女有别"，是很多父母灌输给孩子的信条。

所以，男孩子会觉得自己玩布娃娃是不正确的，是会被人看不起的。女孩子疯疯跑跑是不淑女的，受人鄙视的。事实上，这种做法会扼杀孩子的天性。但是，男孩不乏巧手匠，而女孩子喜欢摆弄机械的也大有人在。

让孩子自由随心地成长，发展他自己的兴趣爱好，让他在自己喜欢的领域里发展前进，终有一日会成长为参天大树。不要一开始就杞人忧天，觉得他要怎样走才会顺利才会有用。比起你强行给他套上各种各样他并不愿意承受的枷锁而言，让他自由自在地选择成长方式反而会更好。

某位学者曾做过分析：男性的精神由51%的男性化因素和49%的女性化因素构成，反之，女性的精神由相反的比例构成。这说明，男女的精神结构上其实只有微乎其微的一点差异，男女因此才能互相理解彼此的心理。所以说，什么男孩不能玩洋娃娃、女孩不该摆弄工具才是真正的谬论。孩子降生之后，对这个世界的所有都充满好奇，他们想要了解眼睛看到的一切。作为家长，不应该主观臆断决定应该让孩子了解什么。我们应该支持他们正常的爱好，而不是以男女有别来进行限制。

判断人千万不能先入为主，那么，为什么我们却要用男女有别的教条来禁锢儿童的天性呢？兴趣爱好与性别无关，如果强制要求用性别来限制儿童的爱好，就会让孩子的思维变得僵硬。

自然法则，是最聪明的法则。让孩子自然随性地成长，不仅仅是在孩子的性格培养方面，还有更多其他地方。

比如说，教会孩子如何自我分辨一件事情是否对自己有利，而自己又该如何选择。

作为家长，我们大多数时候都习惯性地为孩子做好选择，然后想当然地觉得这样的选择对于孩子来说也是好的。其实不然。孩子们应该有自己选择的权利，作为家长，我们应该给予孩子足够的信任和自由，让他们自己去选择，自己去承担这种选择所要带来的后果。我们可以适当的引导，但绝不是强加。我们可以帮助孩子分析每一个选择项的利弊，将所有的答案摊开在孩子面前，让他们自己做最后的选择。家长始终无法一辈子守护在孩子身边，他们必须学会独立自主，越早让孩子拥有这样的意识，对他来说就越是有利。

再比如说，青春期的时候，无论是男孩还是女孩，在这个时期都格外敏感。家长们要学会在让孩子自然成长的同时，适当地引导和纠正孩子可能犯下的错误。作为女孩的父母千万不要忽略女孩子的成长期：女孩的衣服，千万不能穿得太紧，尤其是胸口这一带。女孩到了发育期，要给她穿合适大小的纯棉内衣，让"自然"其天然的方式长成女孩优美的体态。并且还要在这个过程中教会女孩子健康地认识到自己身体的变化，而不是觉得羞涩或不愿面对。如果孩子从小就穿过紧的衣服，身体受到约束，长大以后是无法拥有优美身材的。作为家长，我们如果对孩子的生长发育的奥秘了解得不太清楚，就应该顺应"自然"的力量。有不少孩子就是因为父母给他们穿了过紧的衣服，才导致身体的伤害。

有不少父母因为爱护而做出伤害子女的事情，这是相当令人痛心的，因此我要奉劝天下的父母，千万不要出于爱护而做出伤害孩子的事情。

至于男孩子，在青春期发育的时候，父母也要很好地引导他们。刚刚步入青春期的孩子们都很迷惘，既有对自身身体变化的懵懂，又有对异性莫名的渴望。此时自然成长固然重要，适当的引导就更加重要了。

这个时期非常敏感，父母要掌握好一个度，过多的干预和压制很可能起到反效果，激发孩子的叛逆心理；但若是完全放任，又可能出现另一个极端的偏差。所以这个时期无论是孩子还是父母，都要格外的小心注意。

综上所述，自然的成长对于孩子来说是十分难能可贵的，也可以造就他们不一样的成就。或许很多家长并不这样认为，他们觉得孩子小不懂事，根本不会什么选择，也根本不清楚自己到底想要的是什么，如果完全放任他们自己成长发展的话，后果可能不堪设想。

对于此，我只能说，请不要杞人忧天。而且，让孩子自然随性的成长，并不是说完全放任孩子，而是让家长在这个过程中尽可能只是参与分析，而不是直接做决定。将自主选择的权利交给孩子。

举个很简单的例子。假如孩子在娘胎的时候受到了束缚，还能长成健康的宝宝吗？很明显，不可能。如果孩子在娘胎里就受到束缚，那么他很可能直接成为畸形儿。

所以，请不要捆缚住孩子的手脚，让他们自由展翅，自在成长。没有哪一个伟人是在规规矩矩、方方正正的盒子里成长起来的。只有思想没有被禁锢的人，才可能在未来飞得更高飞得更远。

7. 清淡饮食最健康

很多疾病都是吃了太多的肉造成的。

前面我们说了，要让孩子尽量穿得少，现在我们再来谈饮食的问题。

孩子作为这家里的宝贝，父母总是想尽一切办法让他们吃好。

我建议，在孩子两三岁以前，应该少吃肉食，这对孩子的健康大有益处。因为肉类虽然含有丰富的营养，但伴随着的潜在危险就是脂肪和高蛋白，这些元素容易让人患上肥胖、高血脂等疾病，威胁人们的生命安全。很多疾病都是吃了太多的肉造成的。

父母往往出于自己的习惯考虑，认为不吃肉会令孩子营养不良。事实上，三四岁以前的孩子吃过多的肉会影响他们牙齿的发育，继而影响到他们的健康。孩子从肉汤里获得的营养，并不比直接吃肉少。再加上孩子家长一般还会为孩子准备其他的辅食和水果等，即使不用吃肉，孩子也不会缺少营养。

当然，凡事也不能一概而论，有些孩子非吃肉不可，最好给他吃清淡的牛肉、羊肉等，不要放太多的调料。调料不仅会影响孩子对营养的摄取，过多的食用还会给孩子的身体造成负担。孩子的饮食要尽量控制得清淡适宜，一般只需要放少许盐进行调味即可。

此外还要注意的是，多给孩子吃一些粗粮面包，增加他的咀嚼能力，有助于帮助消化、健康身体。而且粗粮中含有丰富的不可溶性纤维素，这种元素可以增加人体的消化，降低血脂和葡萄糖的摄入，减轻身体的负担。

早餐一定要清淡，牛奶、酸奶、稀粥等清淡食品都适合孩子，不要放糖。孩子的所有食物也要少盐，不要让孩子习惯吃味道浓的肉类。我们的味觉神经之所以对美味趋之若鹜，都是习惯使然。摄入太多的盐，容易增加肝脏负担，还会让人容易口渴，从而过量饮水，这对健康都是不利的。

孩子的早餐最好是一块黑面包，或者加一点点牛油甚至不加牛油的奶酪。这样的早餐既科学又卫生，足以提供孩子长成强壮体魄的营养，并不比那些讲究的早餐差。同时，一旦他吃习惯了这样的早餐，就会觉得口味也不差。如果孩子在正餐之间饿了，则要注意最多只能是给一个小面包，如果他不饿的话，那么连面包也不要给他，让孩子养成一个良好的饮食习惯。不要暴饮暴食，吃东西要适量适度，这样对于孩子的身体来说有莫大的益处。

这种食物结构的好处体现在：第一，让孩子养成爱吃面包的习惯，不管是粗粮面包或者是奶酪面包，都有丰富的营养元素。口味和肠胃也是能养成习惯的，就像有些地方的主食是大米，而有些地方的主食是土豆一样。当然，如果孩子并不喜欢吃面包，那么可以选择其他清淡的食物，比如面条、稀饭和牛奶。第二，控制孩子的饮食，让孩子养成适量吃饭的好习惯。这样安排的好处是：可以让孩子不会饮食过量和过于频繁。

当然，胃口是因人而异的，一些人天生拥有好胃口，而另一些人胃口差。孩子想吃的东西尽量满足，当然这个的前提是他想要吃的东西是营养健康的食物，至于零食和糖果，最好是让它们彻底消失在孩子眼前。孩子没有胃口的时候也不要强求，孩子和大人一样，也知道肚子是饱还是饿，不要用大人的眼光和标准去衡量孩子是否吃饱。如果觉得孩子没有饱就拼命喂，这样很容易出现问题。

当然，如果孩子的饭量过大，则要适当控制。过多饮食不但对孩子的身体没有半点好处，反而会造成孩子的肥胖，加重身体的负担。所以尽量在孩子能吃饱的情况下，适当控制孩子的饮食量，帮助孩子养成良好的饮食习惯。

我认为贪吃也是习惯使然，而并非因为他们天生胃口好。世界上有一天吃两餐的国家，也有吃四五餐的国家，两者的强壮程度相比，前者并不比后者差。

罗马人每天只吃一顿晚餐，部分人会在这之前加吃一餐，吃饭的时间也无固定，早一点的八点吃，晚一点的十二点甚至更晚。他们既不在这一餐里吃肉，也不会为这顿饭去做什么准备，只是随便吃点东西填肚子。

这种生活态度过于随性，很多人都表示无法接受。但事实上，饮食随便的好处很多。奥古斯都作为史上最伟大的帝王之一，他从来只在军营里吃点干面包。辛尼加在他的第83封书简里向大家介绍自己的生活，说他虽然年事已高，应该享受生活，但是午餐还是只吃一块干面包，而且拿起来就吃。可见吃东西也是一种习惯，我们成了这种习惯的奴隶。

辛尼加家财万贯，享用丰盛食物无可厚非，可是他坚持只吃一点点。世间的伟大人物都是"吃一点点"长大的。而古罗马的年轻绅士们尽管每天只吃一顿，同样拥有强健的体格和饱满的精神。他们要是确实饿了，还不到固定的晚饭时间，就吃点干面包，最多喝点葡萄酒填肚子。

这种节制，不仅不会损害健康，而且还有利于事业的发展，推动了罗马获得东征的胜利。作为战胜国，罗马人获得了不少战利品，社会风气也开始朝向奢侈的方向发展，但他们仍然保持着每天一顿饭的习惯。他们即使是大办筵席也会等到黄昏开席，遵守着他们的祖先流传下来的每天一顿正餐的习惯。这个习惯一直延续到恺撒时代，人们不会在日落前宴客。

当然，我并不是倡导节食，而是倡导简单饮食的精神。不要觉得面包和面条没有大鱼大肉的味道好，这并不科学，而只是你养成的一种饮食习惯罢了。孩子身体小，摄入的营养并不需要太多就能保证身体健康的成长。清淡饮食在满足孩子营养摄入的前提条件下，还能控制孩子各方面均衡发展，不会出现营养过剩的情况。

所以我主张孩子的早餐清淡些，养成良好的饮食习惯，将让孩子终身受益。相反，吃了太多的肉，会容易患病。

节制的精神，无论是对于身体的健康，还是对于个人事业的发展，都是十分重要的。

8. 三餐时间不用固定

在一日三餐中，最重要的就是早餐。早晨要读书，吃得太饱会把身体的血液吸引到胃部去帮助消化，不利于头脑思考，所以早餐要尤为清淡才是。

吃饭的时间，在允许的情况下，也最好不要固定。我知道这么说肯定又会有很多家长要反对了，但请听我慢慢道来。

定时吃饭的缺点体现在，一旦孩子养成了在固定时间吃饭的习惯，胃就会形成在固定时间运动的特点。胃部形成这样的固有模式之后，对于食物的摄入时间要求就会提高，一旦食物延迟或者提前，胃就会因为过于亢奋或者已经松弛造成消化不良。尤其是小孩子的胃，尚未养成定时的习惯，此时应该由其随性地发展，在他们有饿意时便吃。

所以，三餐固定时间并非好习惯，我认为吃饭时间应该每天都变，尤其是对孩子。这样，能有效起到锻炼胃肠的作用。为了预防正餐之外孩子的饥饿，可以准备一些水果和干面包。

事实上，只要午餐有肉，晚上有汤，除此之外还有用于补给的面包和水果，这些营养就足以让他们健康成长了。家长过分地担心，不断寻找补品或者大补的食物给孩子吃，非但不能帮助孩子获得健康，还很有可能造成孩子身体的负担。孩子的食物只要保证清淡适宜、荤素搭配就好。有些过分不爱吃肉的孩子，可以在早晚喝一杯牛奶，保证身体的钙质和蛋白质的吸收，也不会出现营养不良的情况。

在一日三餐中，最重要的就是早餐。早晨要读书，吃得太饱会把身体的血液吸引到胃部去帮助消化，不利于头脑思考，所以早餐要尤为清淡才是。孩子的早餐可以是一杯牛奶加一块面包解决，不仅营养丰富，也不会过于油腻给孩子造成负担。

如果不想让孩子变得昏昏沉沉、头晕脑涨，就不要让孩子吃得过饱！

你大可不必认为，让孩子吃得太简单和家庭地位及生活状况不"吻合"。这些想让孩子过得富足和安逸的父母，并未能领会到榜样们幼年受到的教育，从而有着与时代脱节的错误教育方式。

富足和安逸，并不是孩子需要的全部。适当的压力和困难，反而能让孩子成长得更坚忍不拔，拥有更多难能可贵的品格。如果家长将孩子成长路上的一切困难和阻碍均扫平了，那也是不利于孩子成长的。

9. 水果应该怎样吃

多吃水果有益，但是糖分过多的干果和糖果，一定不要让孩子吃。

有关水果的正确吃法，一直以来都是一个值得争议的问题。

有些人认为水果是生的，很不卫生，希望孩子不要去吃。

可是一味地限制，只会加大孩子对水果的欲望。一般来讲，成熟的水果并无害处。相反，水果中含有丰富的果胶物质，可以帮助排便，纤维成分还可以促进身体的新陈代谢，有益于排毒。很多水果中都有丰富的维生素和天然色素，并且水果中这些营养元素并不会像蔬菜那样因为烹饪而大量流失，可以更好地被人体所吸收。

如果注意以下几点，让孩子多吃水果是有益的。

第一，不要让他的肚子吃饱了再吃水果，这样对孩子来说非但不是帮助，反而是过重的负担。最合适的时间是饭前，或者两顿饭之间，也可以把水果当成早餐。

第二，应配合着面包一块吃。

第三，要等水果成熟了再吃。

只要按照正确的方法，水果对健康是绝对有益的。

我们吃到的梨子和苹果之类的水果，是农民在成熟以后采摘下来的，又经过了贮藏的一段时间，基本上熟透了，可以随时吃，吃多了也没有坏处。

需要注意的是，糖分过多的干果和糖果，一定不要让孩子吃。糖分过多的摄入会让孩子的牙齿受到损害，出现蛀牙。

买糖给孩子吃，是错误的做法。当然，孩子们可能经不起糖果的诱惑，对此，父母要帮他们建立良好的习惯，用健康的水果取代糖果作为他们的零食。

10. 早睡早起身体好

培养孩子早睡早起有助于减少他们贪睡的概率。

睡眠是促进儿童生长发育的关键因素，因此，在所有能对人有益的事情中，睡眠是儿童最应该多多享受的，对此，父母不应该加以限制。年龄越小的孩子越应该多睡一些，充足的睡眠可以让孩子精神焕发，从而获得健康的成长。

在这个阶段，父母需要做的事情不是干涉，而是帮助孩子养成良好的睡眠习惯，最好能规定孩子在一天之内的哪个时间段睡眠。更应坚持的一个原则是：尽量让孩子养成早睡早起的习惯。

早睡早起，这才是最有益于健康的，养成了这样的好习惯，会促使孩子成年以后，不会贪念温暖的被窝而浪费学习的大好时光。而且早睡还将有效地遏制他们将来迷恋夜生活，继而堕落。往往早睡的人较少会发生越轨的事情。

我的意思不是说孩子长大以后不可以在晚上八点以后去找朋友，也不是说他绝不能在午夜时找朋友聊天，或者工作。而是说，你要在他年幼时帮他养成好习惯，以此来对抗陋习，以及培养健康的体魄。

早睡早起的习惯养成后，他会因为不惯于长夜不眠而主动避免参与夜生活。这种习惯的好处，可能一时之间不会显现出来。尽管孩子在20岁以后，也会有他的社交生活，为人父母者无法永远管住他们，但起码要让他从小养成早睡早起的好习惯，培养他健全的思想和体格。

孩子幼时多睡是有益健康的，胎儿在母体内多半时间都是睡眠的，这有利于他们的成长。所以，孩子幼年时要允许他顺应自然地多睡，但是一旦他长大，就不能再容许他睡懒觉。限制睡眠应该从几岁开始呢？8岁？10岁？还是成年之后呢？在这件事情上无法一刀切，而是应该依据儿童的健康及体质而定。我认为至少要在孩子14岁前，将其睡眠时间调整定在10小时。成年人，一天有8小时的睡眠时间就足够了。培养孩子早睡早起有助于减少他们贪睡的概率。孩了天性爱玩，因此，如果父母不帮助他们尽早睡觉，势必会延迟他们睡觉的时间，继而次日赖床不起，久而久之就形成了坏习惯。

家长应该在每天一早准时叫醒孩子，但要注意方式，千万不能粗鲁。高声叫唤会让孩子受到惊吓，会对孩子造成心灵阴影。即使是大人，突然间被人叫醒也会感觉烦躁不安。因此，叫孩子起床一定要柔声细语，轻轻地抚拍伴随母亲轻声的呼唤，让他慢慢从睡眠状态清醒过来，直到他起床并穿好衣裤。如果用粗暴的方式叫醒和逼迫孩子起床，孩子会十分痛苦与不满，从而影响一天的心情。

11. 硬板床比席梦思好

不能从粗糙的木碗里饮到甘露的人是十分不幸的。

孩子的睡床，最合适的是硬床，最多铺一层棉被，但绝对不要睡柔软的席梦思或铺上厚厚的羽绒褥子。睡硬板床能够防止脊柱弯曲，支持腰椎，减少腰椎的负荷量，使得腰部肌肉可以在晚间休息时得到放松和恢复。

这是因为孩子刚出生后，脊椎骨骼较为柔软，睡在柔软的席梦思或者羽绒褥子上，很可能让孩子的脊椎渐渐变弯，成为驼背，影响孩子的一生。

孩子处于生长期，硬床有助于孩子的骨骼发育和身材挺拔，而软软的席梦思则可能消蚀体魄，让孩子容易生病，抵抗力差，长远来看，不利于将来长寿。

而且，睡惯了硬床的人，对床的要求不高，将来他求学或者出去旅游，就不会受失眠的困扰了，这样，他就会保持旅途的旺盛精力。同时我认为，床褥的铺法也不可以一成不变，应该将枕头时而垫高，时而垫低，培养他将来离家后的适应能力。因为任何人也不可能永远在父母的庇佑下睡在家里为其打造的舒适床上。

很多人都有认床的毛病，这些都是因为他已经习惯了家里柔软舒适的环境和一成不变的安排，所以骤然换到一个条件较差的地方，就会出现失眠等症状。这时候如果再来调整，就为时已晚了。所以为了孩子未来能够更健康挺拔地长大，可以适应任何或恶劣或简陋的环境，要从小开始坚持让他们尝试睡硬板床。

不能从粗糙的木碗里饮到甘露的人是十分不幸的，因为我们无法保证下一刻将面对怎样的生存环境。如果在极端恶劣的条件下，还保守着固有的坚持，将是十分不利的。能在任何条件下熟睡的人，才能享受睡眠的美妙，所以床板的软硬无所谓，良好的睡眠才是最重要的。

12. 健全孩子的"消化道"

排便也是运动的一种，即肠道的蠕动。通过有意的、持之以恒的练习，每天到点就去做，久而久之，不间断的练习就会形成习惯了。

还有件事，也是关乎健康的头等大事，那就是养成良好的排便习惯。

排便没有规律性的人身体状态都比较紊乱，经常会有内分泌失调等症状。如果不及时治疗，久而久之很可能侵袭人体，造成人体抵抗力和免疫力下降的情况，痤疮、痔疮便会出现了，这些都需要引起大家的注意。小孩子，要尤为注意。

孩子的肠道功能不如大人好，所以越发要注意平时饮食规律和排便习惯，如果出现排便紊乱的情况，要及时改善和治疗。

频繁排便很容易影响身体健康，可以通过饮食调节或者药物治疗来改变这种状况，比便秘要好治多了。人如果泻得厉害，或者时间过长，会产生脱水、体虚等不良症状，此时的抵抗力和免疫力都处在较弱状态，很容易被病毒侵袭。但这可以通过看医生来治好。

事实上，偶尔泻泻肚子并不是什么坏事情，急着去看病是不必要的。偶尔腹泻，只要不严重，完全可以自然痊愈。反之，便秘对人的身体也有不少害处，治疗也极为困难，即使泻药可以一时帮助排便，但长期使用会加大身体对药物的依赖，进而令身体更差。我们的身体机能应该达到平衡才会健康，因此，排泄也应该规律正常才好。

便秘是最常见的一种毛病，我对这个毛病的研究翻了不少案例，找不到灵丹妙药，便只能充分观察生活规律，通过合理的方式来改变身体机能，令其趋向健康，从而完全摆脱便秘的苦恼。

首先，我观察出排便也是运动的一种，即肠道的蠕动。通过有意的、持之以恒的练习，每天到点就去做，久而久之，不间断的练习就会形成习惯了。此外，含纤维多的食物可以帮助刺激肠胃更快蠕动。适当的全身运动、按摩腹部、平时多喝水或者喝一些酸奶等对肠道有益的菌群，也能够帮助促进肠道蠕动。只要我们在日常生活中多加注意，平时多喝水，清淡饮食，保持晨起运动等良好的生活习惯，就能保持肠道蠕动的最佳状态，免受便秘困扰。

其次，我发现排便绝非无意识动作，可以通过有意识的锻炼，进而形成良好的排便习惯。此处所谓的运动，除了指上面提到过的晨起锻炼等，最关键的地方在于腹部局部按摩，促进肠道循环。方法十分简单，就是以掌心紧贴腹部，从右开始顺时针环形按摩。每天坚持按摩十分钟，便秘会得到很大的改善。

再次，我发现一些人会于晚饭后抽烟，然后就会排便。我认为这个发现佐证了上面提到的习惯问题，证明排便也是可以养成习惯的，而非烟草带来的结果，进而可通过习惯的培养达到排便的目的。

最后，就是养成良好的排便习惯，通过持之以恒的练习，比如早餐后马上排便，久而久之，就能自觉排便，彻底告别便秘的痛苦。

说过了预防和治疗便秘的方法之后，我们再来探讨一下什么时间排便对身体更好。我认为一天最合适的排便时间是早饭之后，有三个理由。

首先，经过一夜的休眠，晨起时，胃里是空的，此时胃口通常会比较好。在进食早餐的过程中，胃部的纤维会裹住食物产生强烈的收容，运动的力量便会一直延续到肠道，促进肠道跟着发生蠕动。正如我们发生"绞肠痧"的时候，因为肠子下面的某一部分产生的颠倒运动，进一步延伸到胃肠和胃部一样。由此可见，胃部产生的蠕动也会引发肠子跟着一起蠕动。

其次，在进食过程中人的思想便会放松，注意力会转移到腹部推动胃肠的运动。

最后，人在吃饭的时候，会比较闲暇，而排便的事也需要有足够的时间从容不迫地去做。可是人在每一天都会忙忙碌碌，往往就忽略了如厕的事情。因此，将大便时间安排在早餐后是最合适的。

采用这个方法的人不久后都收到了不错的效果，由此可见，按时排便是告别便秘的最好方式。

因此我主张，要让孩子养成吃完早饭排便的习惯，让他们明白，排便也可以养成良好的习惯，这样对他们的身体有益。一开始可以规定他们一定要排完便才能去玩，以免他们玩过了头，忘记排便的事情，从而忽略了身体里的大便，久而久之就会发生便秘。以上方法在不少孩子身上得到过验证，大人也可以通过这种规律排便的方法改善便秘。

至于成年人是否采纳该方法，我无法强制要求，我只想告诉大家，便秘会危害我们的健康，因此一定要保持大便通畅。此外，一天内一次大便就足够了——既不浪费太多时间，又有利于身体健康——何乐而不为呢？药物也没有这么好的效果。

13. 是药三分毒

我的医学知识应该能让大家信服：滥看医生，滥用药，对孩子的危害很大。

是药三分毒，千万要小心用药。

有关孩子身体健康的问题，我现在只有一个问题要说了，那就是药物的作用。

如果你认为我要告诉你怎样用药来防治儿童的疾病，那么，你要失望了。因为我认为：孩子生病了也尽量不要用药，如果你能听得进去这个建议，效果一定会比各种补药和食品好得多。在孩子感觉不适的疾病初期，没有必要寻医问药。不少医生都喜欢开出一大堆药，这些药物会刺激孩子的肠胃。你没必要听医生的，而是应该遵从大自然的规律。

无数的例子证明，儿童细嫩的身体很容易受到药物的摧毁，进而产生药物依赖，或者抵抗力减弱。因此，对儿童用药要慎之又慎，疾病初起，可以通过清淡饮食或者少量食用消食药物来治疗。如果病情比较严重，温和治理无效，则要带孩子去正规儿童医院，或者找专业且比较冷静的儿科医生。

对于这点，我想我的医学知识应该能让大家信服：滥看医生，滥用药，对孩子的危害很大。如果孩子发高热，家长不要着急给孩子吃退烧药，直接用酒精擦拭孩子手掌心和脚掌心可以帮助降温，也可以用温水给孩子擦拭身体，物理降温。咳嗽流鼻涕，可以熬姜汤给孩子喝，然后配上冰糖雪梨水，止咳润肺都很好。

长期服用药物，不仅会让身体产生药物依赖，而且还会产生抵抗力，服用药物的剂量也会越来越大。所以如果孩子出现了感冒症状，不要一开始就去医院就医，先用一些普通的无刺激的方式为孩子缓解病情。而且感冒是一种很难治疗的疾病，一般持续时间都较长，许多家长坚持一两天发现孩子没有好就开始着急了。其实家长们应该更耐心一点，只要孩子的症状没有恶化，没有出现持续高热不退的症状，精神状况和饮食情况都还好的情况之下，家长们完全可以用一些简单的方法缓解治疗并观察，让孩子自己痊愈。这样做的好处，一来可以减少药物对孩子身体的伤害，二来也可以增加孩子的抵抗力。

对于孩子身体健康的观点，我已经说完了。下面我给大家做个总结。

多接触大自然，多运动；保持足够睡眠，饮食清淡，不喝酒及刺激性饮料，没事别乱吃药，不暴饮暴食，衣服不要穿得过暖过紧，头部和足部要减少遮蔽，脚要习惯与冷水接触，甚至洗凉水浴。

长期坚持，孩子自然能拥有一个健康强壮的体魄，而且还能够养成良好的生活习惯。而这些，对于孩子的未来，都将起到至关重要的作用。

第二章　培养孩子健康的精神

　　健康的精神是什么？怎样才算拥有一个健康的精神，所谓的健康，并不仅仅是身体健康，不轻易生病，还包括心理健康以及社会交往方面的健康行为，也就是健康的精神。

　　怎样衡量一个人的精神是否健康呢？主要可以通过以下几个标准来衡量。

　　首先是拥有良好的个性人格，有稳定的情绪，温和处世，遇事不骄不躁冷静自持。有坚忍的意志力，感情丰富但胸怀坦荡，豁达且乐观。对于孩子而言，这些都需要父母耐心细致的培养和教育，将乐观的情绪和豁达冷静处世的态度传达给他们。当然最重要的，还需要父母自己以身作则。

　　其次是拥有良好的处世能力，观察问题客观现实，能够自控，能够适应各种复杂和艰难的社会环境而不情绪失控。培养孩子这种性格也需要长期坚持不懈，在孩子小的时候就开始进行困难环境的教育和亲身体会。

　　最后是拥有良好的人际关系。人际关系是衡量一个人是否拥有健康的精神的最佳证明方法。孩子比我们想象的还要敏感聪明，他们能够察觉到周围人很细微的情绪变化，分辨出谁在生气、谁在高兴，还能判断别人对他是否存在恶意。所以一个喜欢助人为乐、与人为善的孩子，肯定能在处理人际关系时充满热情和真挚，结交到好的朋友。

酒鬼、赌鬼为什么沉沦其间而不能过正常人的生活？那是因为他们有了扭曲的嗜好。你或许会说，那是因为他们不曾受过教育。那么贪官呢？他们不仅受过良好的教育，其中的很多人甚至在学生时代是佼佼者，大多数付出过比常人更多的努力才得到官职。他们跟酒鬼一样，之所以会沦为阶下囚，与他们放纵欲望有关。

欲望是人类与生俱来的。孩童时期，一个孩子会哭闹着要吃的要玩的，要玩具，如果父母不能给予他，他就会去把小伙伴的吃的和玩的抢过来，这和一个成年人酗酒、玩女人，其实是同一回事，那都是一些嗜好。如果成年人控制不住自己，可能会犯罪；一个孩子控制不住自己，就会去偷东西。人类在不同的年龄段，自然会有不同的欲望，这本来不是人类的错，我们错就错在不能用理智去约束欲望。

动物们一生都在为抢夺食物而奔波，它们不会觉得那有什么不对。人类之所以高于一切动物，就是因为我们懂得克制自己的欲望。

在帮助孩子建立健康的体魄后，做父母的，就是要帮助孩子建立健康的精神了，这两者缺一不可，相辅相成。想要让孩子的一切举止行为高贵完美，一句话概之：理解人的欲望，培养人的理智！

要尽早培育起高尚的精神气质，这将影响孩子的一生一世。"龙生龙，凤生凤，老鼠的孩子会打洞。"这说的就是家庭教育对孩子的影响。如果你的家庭环境不好，你可以尽量结识一些有素质的家庭，向他们靠拢，也可以通过书本来学习。为了孩子，一切努力都是值得的。

关于身体健康的培养，我们一直主张要让孩子吃苦耐劳，心理强健的标准同样如此。

节制嗜欲是一切道德观念的基本原则，物欲横飞，能够洁身自好；穷困时期，也能够坚守道德。不为自己天性里的嗜好所牵引，用理性的刻苦努力去获取；如果是不健康的嗜好，则要通过理性去克制，斩断不健康的欲念。

1. 幼年的教育影响孩子的一生

一个人的品德，是扎根于天性的习惯，而不是为了继承财产伪装出来的善良。所以，孩子不可缺失的教育，来自指引其未来生活的原则，这是作为父母要及时给予他们的首要任务。

越小的孩子可塑性越大，因此，对孩子的早期教育要越早越好。

如果孩子从小被放在动物堆里，他们就会失去人类的思维和动作。印度的狼孩大家听说过吧？她们被发现的时候，大的卡玛拉约八岁，小的阿玛拉才一岁。牧师将她们带回人类世界，试图通过教育让她们过上健康的生活。一开始，这两个孩子的表现与动物无异——用四肢走路，夜里发出狼嚎，就像狼一样。年幼的阿玛拉还没等长大，便患病去世，而卡玛拉则活到了17岁。在与人类共同生活的九年内，她基本上学到了人类的行为，但是因为学习得太晚，她一直未能掌握人类的语言，只学会了50多个词汇语；一旦受惊或者着急起来，她还会不由自主地恢复四肢行走，嘴里发出狼嚎声。可见，童年对一个人的影响有多大。

还有一类野生人，他们从小便被人类遗弃到荒原或是森林，他们靠自己的力量生存下来。

法国南部阿威龙地区就曾发现过一个野生儿，他被捕获时大约12岁，科学家们推断他是在四五岁甚至更小便就进入森林。长期的野外生活让他失去了人类的能力，神经学家检查后认为，他的行为和精神状态就像白痴一样——视线很不稳定，无法凝视；不能对任何声音有反应，同时发音器官也未发育。经过六年的学习，他的各种感觉机能逐渐接近正常，智力测试显示他已经达到六岁儿童的平均智能。

由此可见，童年的教育有多么重要，一旦失去了机会，再想教育就很难了。

还有一类人，他们曾被人为地关闭起来，过着与世隔绝的生活。

其中最著名的是巴登大公国的王子卡斯·豪瑟。他出生后不久便遭遇了宫廷事变，可怜的王子被掉包并关了起来，起初还有个女人照顾他，三岁多的时候，他便被野蛮地关进了一个黑暗、狭窄的地下室，一个男管家每天随便扔他点食物和水，简单的接触让他学会了几句话；无聊漫长的监禁生活下，他还学写了几个字。他17岁的时候，终于获释了，但是由于不能正常学习，他的智力如同幼儿。收养他的道默教授耐心地教导他，他学会了书写、算术，等等，甚至在人们的帮助下写回忆录回忆自己被囚的情景。遗憾的是，五年后，他被暗杀了。

野生人的事实及研究表明，人在一生中，正常个性和心理机能都是在出生的头几年养成的。这个时期的教育以及周围环境的影响，决定了他长大后心理发展的方向。

家长们还有一个困惑，就是如何在孩子心中树立威信。

我认为，在孩子2~4岁的阶段，你可以用惩罚的方式让孩子畏惧和信服。父母是孩子学会理性支配前的精神支柱，宠溺会让他们忘形，有时候会失去控制，这就要求父母显示出其威严，从而让孩子意识到自己犯下了错误。4岁开始，就要放弃教鞭和惩罚，要通过友谊的方式来维持威信。用你的爱心与友谊让孩子懂得孝顺与尊重，用你的正确行为去引导孩子。没有什么比重品德、重名誉的自律心态更能让孩子走上人生的正道。等到孩子年龄越来越大，懂得的事情也会越来越多，对于你所说的道理也能越来越深有体会。这时候就应该尝试理性地和孩子沟通，将一件事情仔细认真地进行分析，对与错、利与弊，一条一条清晰地摆在孩子面前。用平等对话的方式去和孩子沟通，既不会让孩子产生逆反心理，又能够让他听进去道理。

私生活邪恶的孩子，或许会为了分到遗产而讨你的欢心，一旦得到他想要的东西后，便置你于不顾。但是如果你对孩子从小培养，当他长成一切全由自己做主时，他一定会成为一个善良、品德高尚、能干的人。

一个人的品德，是扎根于天性的习惯，而不是为了继承财产伪装出来的善良。所以，孩子不可缺失的教育，来自指引其未来生活的原则，这是作为父母要及时给予他们的首要任务。

2. 帮助孩子养成好习惯

如果大人对于孩子过度溺爱，会让他养成只懂得接受而不懂得如何付出爱，每天只会接受来自各方的爱，却不知道该如何回报。

爱护子女，是自然赋予所有生物的本能，对于人类来说，这种爱需要理智的管理，否则很容易便成了溺爱。

为什么会这么说呢？因为过于溺爱会让孩子内心无爱。如果大人对于孩子过度溺爱，会让他养成只懂得接受而不懂得如何付出爱，每天只会接受来自各方的爱，却不知道该如何回报。溺爱还可能使孩子的价值观产生混乱，作为长辈经常以为满足孩子的一切要求就是真的爱孩子，不管这种要求到底是合理还是无理取闹都一味满足，久而久之，会让孩子产生一种只要他想要，就一定会得到满足的潜意识。等到了社会上，发现再也没有人会无条件满足他的各种要求时，他会愤懑会迷惑，会完全无法接受这样的现实。溺爱还会使孩子的行为能力降低，因为父母长辈总是习惯性为孩子处理好一切的危险和事情，而真正需要孩子动手的地方却很少；长此下来，孩子们就会养成惰性和依赖性。可想而知，这种思维一旦形成，将对孩子造成毁灭性的影响。

父母教育子女存在着重大的误解：在孩子的精神最弱小，处于引导阶段的时候，没有让他养成服从理智的约束的好习惯。

爱护子女是父母的天性，但如果对子女的过失也不去纠正，那就是溺爱了。有父母觉得，小孩子那么小，能干多大的坏事？孩子的行为仅仅是天真的表现，所以对他的过失往往听之任之。对于这样的父母，我要说："小时偷针，长大偷金，习惯的养成是关乎一生的大事！"

让我来告诉你关于大象的故事吧：大象的鼻子可以轻松地卷起一吨重的行李。可是在马戏团，它却被拴于小木桩上，它为什么不逃走呢？那是因为它小时候刚被抓来就拴在木桩上了，那时候它还小，力量不够大，它曾费尽心思都无法动摇那根小木桩从而逃出去，久而久之，它就习惯了，即使它的力量大到足以和木桩抗衡，但是它仍然被拴住。

拴住大象的，不是木桩，而是习惯。

这个故事告诉我们，小时候的教育，对人的一生存在着重大的影响以及恒久的作用。所以家庭教育必须从小开始，不同的阶段采用不同的方式，帮助孩子完成应有的高尚品德、健康习性、健全观念、优雅气质的培养。

3. 坏习惯难以根治

一旦坏习惯养成是改变不了的，我们只能通过培养好习惯以取代。

被宠坏的孩子，会打人、骂人。蛮横无理，哭闹不止，他想要的东西，要做的事情，就非做到不可。如果这个时候父母还不当一回事，不教他一点规矩，甚至逗着他来闹，就会把他的本质惯坏。这些惯坏的孩子长大了，就会有种种顽劣行为，这时候父母再也不能把他当成高级玩具来看待了，便抱怨孩子脾气太坏，太不听教了。还有的父母一旦孩子哭闹就会心软而哄诱，轻易满足孩子。久而久之，孩子就会觉得只要自己想要的东西，哭闹上两句就可以得到了，这时候父母再去打骂责怪，已经无济于事。

其实，这些都是在父母的不经意间养成的。

这些坏脾气孩子性格的养成，正是父母纵容的结果。他们的性格已经养成，再想管教就几乎是不可能的了。这就像稻草地里的莠草生了根，难以拔除一样！一个在婴孩时期就养成了支配习惯的人，到了少年时期甚至一辈子都用习惯去支配一切，就不足为奇了。

事实上，幼年养成坏习惯的人，随着年龄的增长，他身上的错误不仅不会改变，还会逐渐放大。冰冻三尺，非一日之寒。他在不会说话、不会走路的时候便懂得支配别人的意志了，他刚刚牙牙学语，父母便听从他的安排，等他长大之后，比小时候更强壮、更聪明，为什么他反倒要受约束了呢？

训练师们会从动物小的时候开始训练它们。一匹马，如果小时候养成了桀骜不驯的坏脾气，长大了想要驯服它，鞭打着它让它走路，它也不会驯服。而我们人类则是动物中脾气最执拗、最傲慢、最愿意自己成为别人主宰的类别。

我们总是低估婴儿的学习能力，所以总是在他们养成不好的习惯之后，才开始教育和改变他。这种再教育是我们人类最大的毛病之一，再教育需要付出极大的努力，而且往往事倍功半。一旦坏习惯养成是改变不了的，我们只能通过培养好习惯以取代。

但是培养好习惯来替代坏习惯的过程十分艰难，因为假设坏习惯的养成需要反复 100 次，用以取代它的好习惯就必须超过它，要达到 150 次，200 次甚至更多，才能将其替代。但是，这却是唯一改掉坏毛病的办法。

4. 给孩子好的精神食粮

胃需要选择好的食物，大脑对知识也要挑选。

父母总是为孩子精心制作每一顿的饭食，营养搭配，口味迎合。做父母的更应该知道，肉体需要食物，精神也需要粮食。胃需要选择好的食物，大脑对知识也要挑选。精心选择易于理解又有益的书给自己的孩子。知识就是孩子精神的食粮，正确的知识能指引孩子精神的发展。书籍永远是成长最好的伙伴，它可以将无穷尽的知识和人生道理进行传递，让孩子们学会分辨善恶，了解到这个社会上还有他们所不知的苦，世界并不只是他生活的这一小小四方天地。看的书多了，明白的道理多了，心胸自然而然也就宽阔了。

前面我们说了，人的性格基本是在小时候形成的。幼儿的头脑就像一张白纸，画出的每笔都是构成图案的基础。所以我们一定要把精心挑选、仔细斟酌的知识教给他们。

但我们是怎样做的呢？是不是把孩子的头脑当成知识的垃圾堆了呢？什么传说、奇迹、迷信的这些东西，通通灌输给孩子，又怎么能使孩子形成好的性格呢？

和事实不符的传说，带给儿童极坏的影响。一些父母认为传说也是一种精神食粮，这是错误的、迷信的做法。

有关教义和信条，上帝的惩罚和来自地狱的折磨等恐怖情形，往往是父母用于教导孩子要正直善良的素材。但是大人们忽略了这样的教条会让孩子产生恐惧，他们服从是因为害怕失去了个性，从而导致他们需要别人的指令才清楚下一步要怎么做，从而变得和木偶一样，而这是最糟的。

人就像瓷器一样，幼时是形成雏形的时期。这时候的教育就像是选择制作瓷器的黏土，选择好的黏土，就像选择美丽而智慧的知识一样。

前面讲的这些，是最容易被父母忽略的。在我们的身边会有这样的例子，一些父母由于管教不严，导致孩子行为放纵，引得旁人议论其父母管教不严，未能培养孩子优良的品质。孩子是很单纯的，就像一张白纸一样，如果不是父母或者管教的人在无意间灌输了错误的知识给他们，他们又怎么会懂得邪恶之事？这都是由于大人在无意中树立坏榜样的结果。

我是经常看到的，大人们往往出于"好玩"或者并无恶意的目的教孩子们一些不正确的知识，让他们误以为那是正确的。例如，孩子刚学走路，大人就会教他，"来，递这个棍子给我，我要去打他。"孩子们几乎每天都会听到类似的句子。这些暴力、报复残忍的毒品，就是这样根植进孩子的大脑的。

大家也许会认为，教孩子打人，并没有什么大不了的，孩子就那么大的力气，能闯什么祸出来？再者，这也是教孩子自我保护。正是因为孩子接受了这样的思想，所以才学会了暴力。一个人从小就因为听了别人的话去伤人，在伤害别人的痛苦中感受快乐。在他长大后，变得更加强壮了，又无人管束了，便会加倍地伤害人，甚至最终走上邪恶的道路。

所以选择让孩子接受怎样的教育，传递怎样的知识，就需要父母用非常严谨的态度慎重地选择。我们应该教给孩子积极上进、有用有利的知识，而不是随波逐流，看到别人学什么，便让孩子去学。

5. 不要让孩子被诱惑迷住双眼

我要大声疾呼，提醒天下做父母的：教育孩子一定要时时警惕周围的诱惑。

穿衣服的目的原本在于能取暖和遮羞，我们人类没有皮毛覆体，便只能靠衣服取暖。可是有些无聊的父母，为了满足自己的虚荣心，给孩子穿戴贵重的服装或首饰，而且这种影响会无形之中传给孩子。

母亲们给小姑娘穿上一件新衣服或者新帽子新鞋子，追赶着喊她"小皇后"、"小公主"，感觉引以为豪。于是，小姑娘还没有学会穿衣服呢，就先学会炫耀自己的新衣服了，长大后，自然会把赶时髦追求漂亮衣服当成自己的骄傲，整天盯着琳琅满目的新衣服。

还有不少父母和老师，为了达到一些目的，会教孩子撒谎（或者闪烁其词，其实那和说谎的性质一样）。小孩子们往往对老师和家长比较崇拜，认为大人们总是对的，他们看到撒谎能帮助老师达到目的，在他们成人后，也会撒谎为自己谋利。

另外，现在生活条件好了，越来越多宽裕的家庭开始重视饮食，并把其当成一大享受。对子女尤为慷慨，尽可能满足他们，生怕他们不吃。明明孩子已经吃饱了，还会拿出好吃的给他们吃，让他们喝开胃酒，以便吃更多的食物，如此一来，就很容易引发积食。

孩子身体若是不舒服了，家长们问："孩子，你想吃什么呀？妈妈给你买！"大量的食物被安排给没有胃口的小病人。事实上，疾病初期，小病人食欲大减，其实是身体一种聪明的自我调节，为的是停止给病毒提供营养。父母想尽办法提供的各种食物，通过食物的刺激，事实上只能起到反作用。孩子的胃里充满了食物，身体的精力就会用来消化食物，就没有力量来对抗疾病了。

有一些儿童比较幸运，他们父母采用的是科学的照顾方式，从小就让他们习惯于清淡的食物。但这只是生理上的习惯，而并未养成同样健全的心理习惯。小的时候，他们能够因为父母的教养而健康成长。一旦他们长大，脱离了父母的管教，当他们接触到享乐者鼓吹的"享受生活"之后，他们的欲望便被挑了起来，开始对美味产生向往。那些美食主义者到处鼓吹，人类本身的食欲自然会被激发出来。如此一来，人们便会错误地认为吃得"考究"是提高生活质量的标准，从而形成了不良社会风气，并以奢靡之风为荣，这是多么愚蠢的事情。

美食主义成为了时尚，拥护的人越来越多，我的反对也被当成是迂腐不合时宜的理论。我要大声疾呼，提醒天下做父母的：教育孩子一定要时时警惕周围的诱惑。除了这些诱惑之外，还有一些包装精美的场地，也在倡导着享受主义等歪门邪道，这也是极为危险的。我之所以喋喋不休地提醒，只是为了让更多的孩子走正路。同时也希望为人父母者，能平心静气地思考一下，孩子有没有在不知不觉中学到了不良的东西。负责的父母应该给予孩子正确的引导，让孩子对一切不正之风产生免疫力。

6. 理性规范孩子的欲望

美好的道德和善良的品行源自能通过理智来克制自己的欲望。同时，不断加强这种能力，养成良好的习惯，并不断地实践，强化其效果。

人类十分聪明，我们会驯服动物帮助我们做很多事情。训练动物要从它们小的时候开始。

但是对于我们的后代，我们却总以为孩子太小，等大了再教育也不迟。就是这种思想让我们把孩子惯成了顽劣性格，还妄想他长大以后能善良而有教养。

我们会满足孩子想吃水果和糖果的欲望，当他们一哭，我们就会毫无原则地满足他的欲望。那么，等他长大成人后，想酗酒，想吸毒，想玩女人，这个时候我们想要管教他，就已经太晚了。

事实上，成年人酗酒，放纵不良嗜好，和小孩子哭闹着要吃的、要玩的，是同一回事。当然，物极必反的情况也会存在，但那样毕竟只是少数。如果孩子因为幼时压抑而造成长大后的逆反，一定要探究这种情况发生的原因，了解孩子的本性。

人在不同的时期总是会产生不同的欲望，能否通过理智来克制自己的欲望注定了我们能成为什么样的人，是正直善良还是混混流氓，完全取决于我们对欲望的克制能力，在于我们能否找到克制欲望的方法。

那些幼年时不习惯于服从大人的理智与规范的孩子们，长大了也往往管不住自己。人们常说"三岁定终身"，这与孩子小时候养成的习惯密不可分。

美好的道德和善良的品行源自能通过理智来克制自己的欲望。同时，不断加强这种能力，养成良好的习惯，并不断地实践，强化其效果。而实践的时间一定要尽早，要从小养成好的习惯。

因此，父母应该在孩子出生后，便开始培养他克制欲望的能力，不要纵容他的期待。要让他能懂得：他拥有的某样东西是因为他需要，而不是由于他应得的。只要他需要的东西才可以给，而不是他哭就给的，只要家长意识到这点，就能让孩子懂得不贪心，也便不会通过哭闹的方式来满足自己的欲望了。

现在社会上普遍存在一种情况：一家人被"刁蛮"的孩子闹得不安宁，而这正是由于父母没有从中培养良好习惯造成的。这样的孩子长大了也肯定不会成为有教养、受人欢迎的人。所以从小培养孩子的习惯是最重要的，如果他第一次没有用哭闹换来某样东西，以后几次也要不到，那么他永远也不会用哭闹来要东西了。

7. 不妥协于孩子的不合理要求

虽然教育的方式很多，但每种教育都认为，越早教导儿童越好，对孩子好，教导者也会轻松很多。

我并不是说，不能让孩子有丝毫放纵的机会，也不建议把孩子训练得刻板有礼。孩子毕竟还小，应该宽容对待，应该有合适的玩具和游戏的时间。我只是希望家长们能明白这个道理：孩子想要的东西或者有不合理的想法，做家长的千万不要因为他小而妥协，只要妥协了一次，孩子第二次就会变本加厉。

因此，纵容孩子是十分危险的，在他胡搅蛮缠的时候，一定不能让他得逞，要让他明白不合理的要求是不会得到满足的。

有些孩子很有礼貌，在满是食物的餐桌上，安静地进食自己的一份，不吵也不闹。但另外一些孩子，则见什么要什么，所有的菜都要先吃，大声叫嚷，以自我为中心。为什么会有这样的差别呢？就是由于后者习惯于支使别人来获得自己的欲望，而前者则培养了良好的用餐习惯。在儿童越小的时候，所拥有的理智便越弱，此时通过家长来管教和约束他，就有助于帮他养成良好的习惯。因此孩子在幼年时，需要一位明智细心的人充当其导师，能陪伴其左右并给予其正确的引导。

虽然教育的方式很多，但每种教育都认为，越早教导儿童越好，对孩子好，教育者也会轻松许多。此外还要注意，如果拒绝了孩子的无理要求，就一定要拒绝到底。同时还要注意对孩子说的话一定要说到做到，父母说到做到，孩子才会有样学样，从而培养出懂克制、有耐心的孩子。

8. 树立父母的威信

在孩子幼年时，让他习惯于听从父母的安排，将他们培养得乖巧懂事，当他长大后，就要和他平等交谈，就像朋友一样。

想要培养有教养的孩子，父母应该尽早开始管教，从而让孩子能听从父母的教导。只有从孩子小的时候就树立了家长的威严，才能让孩子长大后懂得孝顺尊重父母。在孩子幼年时，让他习惯于听从父母的安排，将他们培养得乖巧懂事，当他长大后，就要和他平等交谈，就像朋友一样。

但是，有不少父母不懂得这个道理，在孩子小时放纵和溺爱，而等到孩子长大了，则严词厉色，伤害他们的自尊心，进而影响了和孩子间的感情，让孩子恨父母的唠叨，加重他们的叛逆。

因此，教导孩子应在他还没有判断和处世能力之前，给予他正确的引导，这样孩子长大了，就自然比较乖巧懂事。此时，则要对他们和颜悦色，万不可专制伤了他们的自尊心，要懂得尊重孩子的意见并在适当的时候征求孩子的意见。否则，孩子很容易对父母产生怨恨心理。

9. 建立良好的家庭模式

如果我们在孩子幼小时便严格管束，一定会令其变得温顺而礼貌。

一个幸福的家庭里，父母和孩子之间的关系应该经历这样一个过程：子女在幼小的时候，绝对信任和依赖父母，父母给予他正确的教导，一旦孩子长大了，应该把父母视为可以信赖和借鉴的好朋友，父母对孩子们也应该是相应的态度，彼此之间的关系和谐平等。

作为父母，应该在孩子长大之后便当其是成年人一样对待，理解他们的欲望和想法。

试问，哪个人愿意被人当成什么都不懂的小孩子吆来喝去呢？谁能接受别人的冷嘲热讽？一个人如果受到这样的对待肯定会另外寻找能尊重自己的朋友，从而获得精神上的尊重和自由。

既然我们是这样的，刚刚成年的孩子也是如此。如果我们在孩子幼小时便严格管束，一定会令其变得温顺而礼貌。这是由于他还没有主见时便从父辈那里学会了顺从，那么当他越来越大，心理趋向成熟，就可以辨别是非继而正确地待人接物了。在这个时候，父母就可以适当地放松管制。

此时父母和孩子之间就要重新建立一种相处方式了，长辈应和蔼，而孩子也能理解父母之前的严格都是为了让他更好地成长，从而更加尊重父母，懂得感恩和回报。

第三章　培养孩子做人准则

家长一旦能让儿童懂得爱惜名誉，害怕羞辱，那就是具备了做人的原则。这个原则会伴他们一生，促使他们走上正轨。

上面说的是一般性的做人原则。现在我们进一步来说说管教孩子的细节。对儿童的严加管束，并不是说要"严酷"，而是要松弛有道。我认为最合适的方法是先严后松，最初的管教一定要严格，一旦管束产生了效果，就可以适当放松，改用相对温和的管理模式了，就是我前面所说的和孩子建立起友谊，从而做他一辈子的良师益友。

"十年树木，百年树人。"教育孩子绝对是一辈子的事情。如果你明白了这个道理，就会明白我说的一辈子的良师益友的真正含义了。

1. 不可对孩子进行体罚和辱骂

为人父母，应该清楚孩子的自尊，自信以及丰富的想象力十分珍贵，遭到破坏后是极难再建的。

曾经有一位哲人说过："在爱中长大的孩子，学会了仁慈；在皮鞭下长大的孩子，只会产生仇恨。"

在棍棒下长大的孩子，他们只会成为两类人：一类因为害怕，变成驯服的羔羊，失去了自己的个性，甚至烙上奴性的印记；另一种，会激起他们的叛逆心理，让他们成为桀骜不驯、报复心和破坏心很强的人。

除了体罚外，另一样对孩子的危害性也很大，那就是辱骂。孩子也是人，也需要尊重和爱护，辱骂和威胁会对孩子的精神造成不良的影响。一些父母不懂得尊重孩子，将其看作自己的附属财产，忽略了孩子的情感，也不理会他们的悲伤和痛苦。这是极为糟糕的，不理解孩子又怎么指导他们成长呢？

冲动型家长，往往会在孩子犯错后火冒三丈，口不择言："你这个笨蛋！""你实在是无可救药！""你看看你都干了些什么？"……如果孩子考得不理想，那更惨了："你这个笨蛋怎么才考这么点分数？""你长大了也是个没出息的人！"……这些毫无轻重的话语，极大地伤害了孩子的自尊心。

更有甚者，一旦孩子犯错，连骂带恐吓，生怕孩子记不住。例如："你再这样，就不让你吃饭！""你不听话就给我滚，别回家了！""再犯我就打瘪你！"……这些恐吓的语言极大伤害了孩子，让他们觉得恐惧和紧张，进而在心里留下极大的阴影，并产生强烈的自卑感。而长期处于这样的环境，孩子会觉得缺乏安全感，进而变得自卑而内向。同时，为人父母，应该清楚孩子的自尊、自信以及丰富的想象力十分珍贵，遭到破坏后是极难再建的。

而一个人一旦连最宝贵的羞耻心与尊严都丧失了，便失去了所有一切的希望。

2. 体罚的四大弊端

如果孩子在受到惩罚后，其内心的羞愧感还比不上他对体罚造成的疼痛的害怕，那么惩罚就是毫无益处的。

通常家长惩罚孩子的方式是，举手就打。这是一种最方便易用的办法，但这只是透露了家长的无知。孩子就算能记住了挨揍的痛，也不会产生管理的效力。这样主要有以下四种弊端：

第一，体罚的教育方式，就算一时会取得成效，那并非因为孩子懂得了羞愧，而是因为他怕痛。人类都是怕吃苦的，因此你越是让孩子吃苦，只会让他越是怕苦。向往快乐和逃避痛苦作为自然趋势，同时也是所有邪恶之源。如果一个孩子因为害怕打而读书，他内心只会对读书更加厌恶。因害怕打而讲卫生，也会让他更厌烦卫生。——这个道理说明，孩子不是心甘情愿地爱上这些良好的习惯，而只是怕打罢了。以这样的方式管束孩子，绝对无法获得更好的效果，只会让他变本加厉地讨厌而已。

我觉得，如果孩子在受到惩罚后，其内心的羞愧感还比不上他对体罚造成的疼痛的害怕，那么惩罚就是毫无益处的。

第二，体罚只会让孩子更加厌恶你想让他做的事情。很明显，有些孩子原本喜欢做的事情，也会因为遭受责备或者体罚而厌恶。所谓爱屋及乌，反过来也同样成立。而且惩罚及打击的方法也不能用在成年人身上，因为再健康的娱乐，一旦人们对其没有兴趣，或者兴致不高的时候，突然间遭受逼迫，并让他非做不可又或者一个人在玩某个游戏的过程中，受到了同伴的无礼对待，从而导致他对那种游戏也讨厌起来，这时由于令人不开心的情境总是会影响到其他无关的事物。打个比方，比如一个人固定用某个杯子喝很难喝的药水，那么当他见到这个杯子的时候就会条件反射觉得恶心，即使杯子价格不菲，同时已清洗干净换上了可口的蜜糖，这个人还是不愿意喝杯子里的东西。

第三，奴隶式管教必然会养成奴隶式的习气。在武力的作用下，处于弱势群体的儿童会屈服，但这种服从只是一种假象。一旦棍棒不出现在屁股后面，一旦没有人看见他，他就会放纵本性，从而令他的坏习惯进一步成长。这是由于约束过后的爆发，一定会更加凶猛。由此可见，管教孩子不能只看表面的现象，还得改变他们的心性，培养良好习惯。

第四，严格的管教之下，还会产生以下不良的后果——比如颓废或者抑郁。让孩子从放荡不羁变成抑郁不振，那可就更加糟糕了。孩子如果温顺到了呆板的程度，即使不闹不吵，没有烦恼，但是，如果他们对什么都无所谓，是另外一种不闯祸的自我放逐，这样的人又有什么用呢!？这样的人，不仅不会带给家人快乐，更加不会成为对社会有用的人。

3. 千万不要"贿赂"孩子

用东西来诱惑孩子，会鼓舞孩子享受，这也是一种纵容，会造成将来更加可怕的嗜好。

不要以为一个苹果、一块糖算不上什么贿赂，这些东西对孩子的影响，不比巨大的财富对贪官们的影响小。

教育孩子的目的，是为了将他养成拥有高尚品德、行为得体的聪明人。用体罚的方式管教不可取，那么，反过来，拿孩子喜欢的东西去取悦他、贿赂他，可以吗？

答案是否定的。用东西来诱惑孩子，会鼓舞孩子享受，这也是一种纵容，会造成将来更加可怕的嗜好。

因此，家长应正确对待孩子的欲望，不能一时严厉拒绝，一时又投其所好，这样会让孩子学会用别的方式来促使家长妥协，同时也让他们觉得家长是没有原则的。

对于孩子正确的培养方式，应该是让他自幼便懂得克制欲望，让他能够克制对饮食、玩具、服饰等的欲望，拥有理智和责任感。

一些父母喜欢通过奖励的方式，鼓励孩子，比如看见孩子取得了好成绩就给他物质奖励，或是许诺他想要的东西作为他做功课的奖励。这些做法都会给孩子造成错觉，认为他做的一切都是在为父母做，可以得到相应的酬劳。

我说这些并不是说孩子就不能享受舒适和快乐，事实上，我也主张要让孩子的生活充满童趣和快乐。要让他们实现劳逸结合，选择那些有益于身心健康的娱乐方式作为他们的休闲。让他们能在享受娱乐之余，心甘情愿地去学习，而不是将父母的奖励当成自己奋斗的目标。

44

4. 别把孩子当成动物一样训练

奖励的方式用久了,孩子就会像动物园的狗熊一样,没有奖励就失去动力,这是极为危险的。身为父母,万不可用培养狗熊的方式来培养孩子。

你看过马戏团的表演吗?

驯兽师一手拿着食物,一手拿着驯兽棒,指导和诱惑着狗熊完成一系列的动作,每当它做完一个动作,就要给他一块吃的还要拍拍它的肩膀以示鼓励。它一面吃,一面扭着笨拙的身体来完成各种动作。

据说狗熊没有记性,只能一步步地诱惑它。猴子有着更高的智商,它懂得表演完了全部节目,自然会有奖励等着它。

人类作为万物之灵,却用对待狗熊的方式来教导自己的孩子,以零食来奖励他做功课,以玩具来诱使他整理房间。而父母最爱做的事情,就是许诺孩子考了多少分就会给他什么样的奖励。

这样的后果,会让孩子为了得到奖励而用功一段时间,但未能建立真正的学习兴趣,他肯学习或者打扫只是为了得到奖励,而不是因为他发自内心的喜爱。

奖励的方式用久了,孩子就会像动物园的狗熊一样,没有奖励就失去动力,这是极为危险的。身为父母,万不可用培养狗熊的方式来培养孩子。

5. 正确的奖罚制度塑造孩子健康人格

身体上的痛苦与快乐当成奖罚手段，用来支配儿童，是不会有好的效果的。

我认为一般父母的错误在于：采用了不恰当的奖罚制度。身体上的痛苦与快乐当成奖罚手段，用来支配儿童，是不会有好的效果的。

父母常采取不当的奖惩来约束儿童的行为。这种方式是错误的，只能强化孩子心中的嗜欲。通过另外的补偿方式来校正孩子的欲望，很容易令其误入歧途。

比如孩子哭闹着要某种垃圾食品，父母最后为了别让他哭泣而挑选另外一种危害小一点的食物，虽然照顾到了孩子身体的健康，但是却纵容了其精神上的嗜欲，只是令其的欲望换了一个对象。有关孩子的嗜欲却是在鼓励，这就造成未能制止孩子欲望的扩张，同时也未能帮孩子正确建立健康的手法习惯，而是纵容了他嗜欲之本。由于他清楚你会满足他的欲望，所以更加有恃无恐，进而一而再、再三而地故伎重施，令父母烦恼不止。

6. 怎样的奖罚制度是正确的

一定要让孩子明白，只有足够优秀，才配拥有更好的东西，从而让他们明白，只有获得足够的尊重才是开心的事情，而受到羞辱则很可耻。

以物质作为奖罚的标准，起到的效果只是一时的，而且还会助长孩子的嗜欲。因此，正确的奖励方案应该是一种能发挥持久效果的方案——精神力量。

这个奖罚的方案便是：使儿童知荣辱。

一旦让孩子明白了尊重和羞辱之间的差别，懂得了前者带来的精神力量，开始回避后者，就代表着他懂得了做人的原则，继而发挥该原则的作用，让他走上正道。此时父母只需要引导他们识别对错就够了。

现在，大家一定迫不及待地想知道，要怎么做才能达到这个效果呢？

表面看来想达到这个效果不容易，但只要努力花一些心思，就会寻找到最佳方案，而找了答案，一切努力都值得了。而这正是教育发挥作用的秘密武器。

首先，我们应该了解，孩子也是十分爱面子的，他们拥有一颗渴望赞扬的敏感的心。而且特别在意得到父母或是他们依赖的人的赞美，将其当作极大的快乐。基于这个原因，身为父母，一定要不吝表达对子女的赞美——当他们拥有得体的行为和正确的言行时。同时，父母也要及时指出孩子的缺点——在这个过程中，既要保证孩子在外人面前的面子，也要得到家中其他成员的配合。一旦所有人都对孩子冷漠，他就会感觉到羞耻和后悔，这可比鞭笞和威胁有效多了。因为后者会在孩子恐惧后失掉作用，而前者则有效建立起了孩子的羞耻心。暴力教训一定要越少越好，此外，当前面冷漠的方法取得了一定的成效，孩子真心改过之后，父母就应该表扬他，强化他的荣辱感。

其次，一定要让孩子明白，只有足够优秀，才配拥有更好的东西，从而让他们明白，只有获得足够的尊重才是开心的事情，而受到羞辱则很可耻。同时，家长也要对孩子做出的事情给予相应的反应——赞美或是鄙夷。这种自然得体的反应对儿童的刺激丝毫不比奖励或惩罚差，而且还将有助于培养儿童优良的品德。最终让其明白，只有建立良好的行为，做一个让人尊重的人，才会受到大家的喜爱，进而获得奖励。反之，当他没有良好的表现，损害自己的名誉，只会受到大家的鄙夷冷漠，那么，他就无法获得想得到的东西。该方式让孩子建立了信念：只有拥有优良的品性和过人的才华才配享受更好的东西。这是对孩子自然欲望的合理运用，进而起到积极的作用。通过这样的方式激发孩子的欲望，有助于培养孩子的优良品质。只要合理运用该方式，充分满足孩子的欲望，便能塑造其优良品质。该方式可以培养孩子知荣辱，进而爱惜及保护个人名誉，长大就会成为有德行之人。

7. 培养孩子谦虚知耻和从善如流的心理

直到他能真正地认识自己的错误，诚恳地请求原谅并真心改过，才恢复他的名誉。这个办法只要坚持下来，我相信，比打骂孩子能起到更好的作用。

只有排除对儿童的溺爱以及无休止的让步，才能执行以下我说的方法。

儿童在犯错误之后，父母的确冷落他了，但是如果他能从其他方面无知的、无原则的抚慰中找到安慰，那就会摧毁父母的一番苦心。所以，一旦孩子犯了错，不仅父母要给他脸色，周围所有的人也要配合——尤其是爷爷奶奶——要一致地冷淡他，不让他获得任何安慰，才能起到好的作用。

直到他能真正地认识自己的错误，诚恳地请求原谅并真心改过，才恢复他的名誉。这个办法只要坚持下来，我相信，比打骂孩子能起到更好的作用。

在这样的教导之下，孩子很快就会明白，只有自己言行得体，才会受到大家的喜爱。这样他们就会减少无理取闹的行为了，因为他清楚一旦自己无理取闹不仅得不到想要的东西，还会令自己难受。在他们懂得了这个道理后，就算你不打他骂他吓唬他，他也不会再去做了。该方法是培养孩子知荣辱的心理，继而起到让他们对不正确的事情远离的作用。

还有一点也是要小心的，就是家庭其他成员，特别是爷爷奶奶对孩子的溺爱，父母需要防备以及时尽量避免矛盾的产生。

8. 尽量和孩子平视对话

只有从小感受到尊重与平等的小孩，才能养成健全的心理。

有一次我去英国旅游，一天吃饭的时候，看到了这样的一幕：有个四五岁的小男孩，因为想要坐到姐姐抢先坐上的位置而有意见了，不愿意坐在另外一个空着的位置上，一直站在那里闹别扭。孩子的妈妈见到，并没有责骂他，而是蹲了下来，握着孩子的手，亲切温柔地和他商量："你看，这个位置其实也是一样的呢！对不对呀？姐姐已经坐好了呢！你为什么一定要坐那个位置呢？下次我们再坐那里，可以吗？"孩子听了母亲的话，又看了看座位，确定两张凳子没有不同，就自己坐了原本不愿坐的凳子，开始吃饭。

我将这件事说给一位英国儿童心理学家听，他给了我这样的回答："孩子还没有长高，大人只有蹲下来，才能和他们平视着对话。平视的好处是让孩子感觉受到了尊重和平等的对待，我们小的时候父母不也是这样对我们的吗？"

只有从小感受到尊重与平等的小孩，才能养成健全的心理。

9. 注重孩子的心理健康

自律是一切幸福的基石，作为有远见的家长，应该及早地培养孩子自律的品质，最好是启蒙教育就开始，这是所有的父母都应该注意的事情。

为人父母，应该在子女的性格还未养成时，便努力把他培养得平易近人，让良好的品质根植在他的本性之中，使他日后不会产生叛逆或怨恨心理。

性格的培养要越早越好，而且一定要坚决执行，决不姑息。因为越早，孩子的心理就越柔顺，没有一丁点勉强。一旦孩子长大，他性格中的叛逆因素就会越来越多，管教起来就会更难，家长花费更多心血，孩子也会受更多苦，而且进行得越晚其效率越低。

心理的健全是教育追求的唯一大事。只有培养了孩子恭敬和谦和的好个性，日后孩子即使会产生种种嗜欲，也可以运用他的心理来管住他。比打骂和其他使人产生屈辱感的惩罚方式高明多了。

世界上有很多这样的例子，那些不懂得克制自我欲望的人，因为无法摆脱一时的快乐或者痛苦的纠缠，不能受到理智的驱使，最终只能一事无成。

无拘无束是人和动物的共同本性，而人类之所以比一切动物高级，是因为我们懂得自律。自律是一切幸福的基石，作为有远见的家长，应该及早地培养孩子自律的品质，最好是启蒙教育就开始，这是所有的父母都应该注意的事情。

10. 注意孩子的沮丧情绪

沮丧是比放荡不羁还要坏的情绪。

在教育的过程中，留意到有些儿童由于精神受到了严厉管教从而导致颓废的情绪，整个人都丧失了活力，这是极为糟糕的。

放荡的青年至少拥有充沛的精力，生龙活虎的。一旦他们决心做一件正确的事情，很容易获得成功。

但是，沮丧就可怕多了。沮丧是比放荡不羁还要坏的情绪。那些精神抑郁、极度怯懦的青年往往无法振作起来去做任何事情，更不要谈什么建功立业了。为了让教育者远离这两个极端，就要不断探索行之有效的方案。我认为关键在于能让孩子既感觉轻松自在同时也懂得克制嗜欲，接受好的事物，只有合理处理好这两个矛盾才算是懂得了教育的真谛。

11. 保持孩子的羞耻心

而只有触动孩子内心深处的羞耻心，让他开始紧张自己遭人厌弃，才算得上对孩子产生了约束，从而达到让孩子守规矩、知荣辱的作用。

这个问题我一再提及，现在也要再次重申：鞭打或者斥责是必须避免的，使用暴力只会让孩子觉得恐怖可怕，对他的成长毫无益处。教育的目的在于让孩子懂得对和错，同时明白一旦犯错会在亲人心中造成极坏的印象，同时要让他明白他应该为自己错误的行为感到羞愧和难堪。

同时，惩罚让孩子受到的肉体上的痛苦，并不能很好地治疗孩子的性情，其未能到达痛苦的核心，肉体的痛苦一旦不痛了，也就忘记了。而只有触动孩子内心深处的羞耻心，让他开始紧张自己遭人厌弃，才算得上对孩子产生了约束，从而达到让孩子守规矩、知荣辱的作用。而体罚不仅不具这种功效，还不会对孩子的羞耻心造成毁灭性的伤害。如果一而再，再而三地遭受伤害，那么，就很难继续保持羞耻心了，而丧失羞耻感才是最可怕的。

有些父母，前面揍完孩子，后面马上又和气地说是为他好，所谓打了一棒子加上一粒糖。孩子怎么可能对父母的愤怒产生畏惧呢？

对于孩子犯下的错误，父母应该认真思考一下，如果只是无心之失，这种错误会随着年龄的增长而避免的，实在没有必要发火。如果犯下了严重的错误，这种错误涉及儿童的品性，那就要真正严厉地惩罚他，同时，还要让惩罚的效果持续下来，直到孩子深刻认识到自己的错误并努力改正，恢复性格中的纯洁和善良，甚至比过去表现得更好，这个时候才可以恢复对孩子的和蔼可亲。

此外，惩罚绝不可太多，一旦成了家常便饭，便失去了原有的效力。孩子一犯错你就惩罚，他一认错你就原谅他，久而久之，孩子也熟悉了这个过程，便不可能真正起到教育的作用了。

第四章　家庭品德教育

我认为，做父母的，只要孩子没有流于恶习，最好收起自己的权力。父母应该建立自己的威严，让孩子出于真心的敬佩父母，只要建立了这样的威严，就可以通过温和的教导起到教育孩子的良好作用。

名誉是极好的东西，我们在教育的过程中，应充分运用名誉的作用，因为它十分接近做人的原则，名誉作为大部分人通过理智的判断形成的对美好品行的共识，在孩子尚且年幼、不懂得通过理智来分辨是非之前，通过名誉的指导，引导孩子通向正确的道路，是教育的有效方式。

要像照顾孩子的身体那样精心呵护孩子的名誉。通过正确的方式来赞扬或者责备他，在孩子犯错时，家长需要针对孩子的特征，选择合适的方式斥责。家长可以用严肃、不讲情面的句子来斥责他，但这种责备应该是很私下的行为，我们一面责备他，一面还要为他遮羞，顾及孩子的面子。千万不要当着大家的面去责骂孩了。如果你把孩子的过错当众宣扬，会令他无地自容，进而对自己感到失望，丢失了心中的荣誉感。荣誉感有助于帮助孩子达到行为约束的效果，一旦孩子认为自己已经失去了荣誉，他就不会在乎自己的行为是否会给人带来好印象了。

与之相反的是，当孩子行为端正，获得了一定的成绩，在这种情况下，我们要当众大方地赞扬他，即遵守"关门训斥，公开赞扬"的规则。这是由于一旦孩子获得公认的赞扬，他就会备受鼓舞，更加爱惜自己的名誉，从而对孩子产生良好的影响。

1. 别当众数落孩子短处

受到尊重的孩子才会懂得尊重他人。

孩子也是有尊严的，他们害怕别人伤害自己的自尊心。曾经有心理学家就针对孩子做过关于"怕什么"的调查。结果显示，孩子们怕丢面子，不愿意父母当众数落自己的缺点，也讨厌父母用自己的短处和其他孩子长处比，怕课堂上出丑，怕别人不相信自己……这种种害怕有一个共通点就是怕自尊心受到伤害。

受到尊重的孩子才会懂得尊重他人。一个家庭内，如果父母总是高高在上，用权威的态度来对孩子，就会进一步激发他心理的不平感。从而造成孩子也会通过欺负弱小的方式来寻求安慰，而如果一个人从小得不到尊重，等他长大了，也肯定不懂得去尊重别人，自然也不会遵守社会规范了。

2. 欣赏孩子的稚气与童真

父母懂得了玩耍对孩子的影响，不妨将想要孩子做的事情也安排得像玩一样，让他在玩乐中学习和进步，这可比约束孩子的天性强多了。

假如家长对孩子管理得当，便不再需要奖励或惩罚。如果孩子懂得尊重他人礼貌处世，那么有些天真幼稚又何妨。做父母的，不应该干涉孩子游戏的快乐，甚至于要鼓励他们自由地追求自己的想法。

孩子在幼年时的无心之失，比如说女孩观察男孩尿尿，那是儿童时期的好奇心所致，并非孩子品行不端。只要她们具备了性别意识，就不会这样了。做家长的，应该引导孩子模仿正确的言行，并让他们慢慢养成好的习惯，而不是在他们不懂得过失的情况下责罚他们。

事实上，过度的责罚是不可取的，不仅不能取得良好的成效，还会因此制约了孩子的单纯快乐，继而损害他们的身心。一旦父母在孩子心中建立威严，就算他们因为玩得忘乎所以而太吵，或者结交了不好的朋友，去不适宜的场合，也会因为父母的不满而停止错误的行为。

但是，爱玩毕竟是孩子的天性，玩的快乐也是童年中必不可少的。只要是适合孩子的年龄的玩乐，父母应该鼓励他们，让他们达到身心的愉悦，才能健康地成长。

如果父母懂得了玩耍对孩子的影响，不妨将想要孩子做的事情也安排得像玩一样，让他在玩乐中学习和进步，这可比约束孩子的天性强多了。

3. 不要勉强你的孩子

最好的教育方式无外乎反复练习了，这样产生的记忆和作用都会长久。

在这里，我还要讲述一下有关让孩子记住许多规章条款的事情。这也是一种错误的教育方式，由于孩子无法理解这些条款的意义，他们很快就会忘得精光，从而丝毫起不到教育的作用，反而为记忆这些条条框框耗费了精力。最好的教育方式无外乎反复练习了，这样产生的记忆和作用都会长久。

而且练习的优点还体现在：首先借助练习的实验，可以清楚知道孩子是否能做好一件事情。很多时候，由于每个孩子的能力不同，有些事情对一些孩子来讲，是无法做到的。由此父母应该先教他，再通过训练的方式让其牢记，而并非下达死命令，要求孩子一定要做到。

其次，反复的练习可以让孩子养成良好的习惯，继而产生条件反射。就像我们和朋友打招呼时的致礼问候和鞠躬回礼一样，我们能做到条件反射，也是多次练习的结果。因此，我们要不断训练孩子正确的言行。比如交谈过程中，要注视对方的脸。这些事情对于我们来讲是极为自然的反应，几乎不用思考就能做到，但是对孩子来讲，就要反复练习加深印象继而起到永久的效果，从而取代孩子身上的不良习惯，变得懂礼貌、讨人喜欢。

4. 给孩子定规则要越少越好

制定规则一定要考虑到孩子能完成的程度，一旦制定出来，就一定要严格遵守。

有些父母出于望子成龙的思想，给孩子定下一系列的规则，什么是可以的，什么不可。这些规则定得太多，孩子往往疲于记忆，而忽略了规则的实施，于是导致违反规则受到父母的呵斥。而孩子由于不理解教条而造成违规受罚，他们于是便忽略规则，任性而为了。

因此，可以制定规则的方案是难以执行的。就算是一些重要规则，也应该能省则省，一旦规则多到孩子接受不了，就会产生如下后果：要么造成孩子因时时受罚而变得麻木；要么因为罚得多，效果少，父母懒得罚了。如此一来，孩子更加藐视规则，继而降低了家长的威严。

所以，制定规则一定要考虑到孩子能完成的程度，一旦制定出来，就一定要严格遵守。年龄越小，规则越少，耐心地等他慢慢长大之后，再制定新的规则。一种规则要通过反复的实践，直到根植于他本性之内，可再增加另外一种，循序渐进，直到巩固。

5. 孩子不是靠规矩约束教好的

对于那些天性之中带有暴力或邪恶倾向的孩子，应及时制约其邪恶的一面；对于那些天性善良和友好的孩子则应该给予鼓励，同时，还应加大鼓励孩子的天赋，发展他的才能。

想要管教好孩子，不能单靠规矩和约束。因为规矩有时候会遗忘，而约束则有可能产生反效果。而是应该针对那些孩子一定要学会的事情，不断强化地进行练习，以便好习惯在他身上生根发芽，从而彻底取代那些不好的习惯。

这个不断训练强化的过程，就是习惯的养成过程，一旦成功便会让孩子的一言一行都变得高雅而知礼，而且是自然地呈现，不会有一丝的矫揉造作。同时，父母也要注意，在培养孩子习性的过程中，首先，要注意，一定要和颜悦色，不可操之过急。其次，习惯的培养也要循序渐进，不可以一下子培养太多习惯，否则就有可能因为花样太多导致孩子顾此失彼，最终什么也学不会。因此，父母一定要注意，等一个习惯培养得稳固了，才开始培养新的习惯。

以上习惯的培养，是为了将孩子从背规则条款的痛苦之中解救出来，同时通过更加容易的训练，不断强化记忆，继而形成良好的习惯，指导孩子了的行为。该方法有着良好的成效，却往往令父母忽视，实在令人痛心疾首。

况且它的好处，远远还不止上面说的那些，我可以再告诉大家：它让我们清楚，我们想要孩子做到的事情，是不是符合他的体质与性格，正确的教育一定要符合孩子的天性。同时让孩子在自己的天性中获得良好的发展。想将天性乐观的孩子变为忧郁的，或者将忧郁的孩子变得乐观，都是有违自然规律的，那么势必会适得其反。

人类天生就具有各不相同的个性，人类的个性和体态一样存在差异，就连相貌一样的双胞胎，其个性也完全不同，所以性格很难改变，更何况是变成完全相反的样子。

因此，教育孩子的人一定要研究儿童的天性，并且尝试着找到最适合他们的方式。认真观察孩子的本性，找到可以改良的点，了解孩子性格的特征，弥补他性格中的不足，但同时也要顺应他性格的发展，帮助他进行改良，引导他朝向积极、健康、知礼的优良品德发展。

对于那些天性之中带有暴力或邪恶倾向的孩子，应及时制约其邪恶的一面；对于那些天性善良和友好的孩子则应该给予鼓励，同时，还应加大鼓励孩子的天赋，发展他的才能。相对而言，引导会比较简单，改变就比较难了，而且很容易造成徒有外表的丑陋形象。因此，父母在对孩子的教育过程中，应该着重发掘其优点并采取合理的引导。

6. 培养不矫揉造作的孩子

伪装的优雅只会离优雅更远。

矫揉造作是一种后天养成的恶习，其往往和不当的教育方式有关，由于教育者有意或者无意灌输了一些错误的观念，导致受教育者产生了想取悦人的想法。其初衷也是想要改变不良的习性，但由于用错了方式，所以适得其反。之所以会发生矫揉造作的事情，目的也是想要取悦人，获得人们的喜爱和尊重。可是由于用错了方向，造成适得其反，甚至导致永远也达不到想要的效果。

伪装的优雅只会离优雅更远，矫揉造作的毛病是我们应该提防和避免的。作为失败教育的一个例子，它就像陷阱一样，年轻人一旦把握不当，又或是受到了旁人的不良影响，就会陷入其中。

而真正的优雅之所以能吸引人，是因为人在表现优雅时，其心境便会与当时的情景相吻合，继而自觉地流露出与众不同的优雅气质，让旁人也能感受这种优雅，并喜欢这种优雅的风度。拥有优雅气质的人，会让与之交往的人感受到愉悦的心情。

一个真正豁达、有足够自律力、对自己的一切行为有把握、表现得不卑不亢、没有感染任何明显污点的人，一定会让人感觉到舒服并因此受到欢迎。从这样近乎完美的心境中流露出来的行为，是一个人内心的真实表现，自然会显得从容自在，毫无勉强、造作的痕迹。这种心境处于美的境界，而心境的美好可以使一切行为显得优雅迷人，任何与之接触的人都能从中得到愉悦并为之倾倒。这来自于不断的练习和提高，才能把自己的心境陶冶得美好。在与人交往时，出乎本性地表现得彬彬有礼、洒脱自如、毫不做作，让人一望便被他良好的心态和高雅的气质所吸引，正所谓"腹有诗书气自华"。这种教养的养成绝非一朝一夕，并非可以伪装出来的。

矫揉造作产生于外表行为和内在心情的不符合，试图通过模仿那些高雅的行为来伪装自我的不足。由于其并非来自内心的高雅思想，它可分为以下两类情形。

第一种情况，是一个人内心缺乏某些情感，却在外表装出拥有这种情感。他内心缺乏丰富的同情心，营造的悲伤、慈爱也缺少豁达的愉悦，但是却装作拥有这些情感，或悲悯怜人的模样，从而表现出极不自然的神情。

第二种情况，并非上述伪装缺乏的情感，而是刻意表现与之无法相称的举止。比如，在和他人接触时表现出刻意的动作、语言或神情，为的是令对方感受自己的尊敬之情，或者表现对谈话的兴致，表达自己见解独到，但这种刻意的表现往往正是个人所缺。这种以模仿高雅气质来伪装的优雅，往往不懂得取舍，连不适合自己的也照单全收。所有的矫揉造作，不管是怎样的表现形式，都会令人生厌。这是由于人们总是天生厌恶一切的伪装，所有想通过伪装博得人们欢心的人都不会真正讨人喜欢。

自然地表现个人本性，比做作和蓄意经营的怪样子可爱多了。即便我们不具动人气质，行为举止中也存在一些缺憾，未能表现优雅，起码也不致招人诟病。但只要我们矫揉造作了，就会像在我们的缺点前装上了放大镜，只会让人更加注意我们的缺点；同时，还会觉得我们虚伪做作。

因为，身为教师一定要清楚矫揉造作是后天学来的，由于错误的教育而造成的不良后果。矫揉造作的人，往往冒充有良好教养，不肯承认自己不擅长和人交往。这是由于一些懒惰教师不肯负责，只是出规则定规范，却不能将教导和练习有机结合，不懂得让学生在个人监视不通过反复练习来改正做作的行为。从而让学生并不去认真练习，而是想通过规则的描述，通过捷径来获得良好的效果，最终只会适得其反。

7. 榜样的力量

事实上，最能影响孩子言行举止的，还是言传身教。

礼节的复杂性是孩子无法理解或理解得不清楚的。大人往往出于好意，告诉他们做这个，不做那个。想要孩子学好，与其定规则，不如树榜样。如果孩子和一些有教养的同伴在一起，发现他们的优美行为能获得尊重和赞美，就会激发他们向榜样学习，从而令自己更加优雅。如果孩子是在一些小细节中，例如在脱帽、退步敬礼的细节中表现得不好，可由大人予以纠正，从而将"俗气"除干净。优美舞蹈有助于培养孩子的得体举止，从而让他们更具有自信，进而习得与年长的人交往的本领。因此我建议，到了孩子可以学跳舞的年龄就可以开始学了。因为跳舞不仅表现在外表的优美，同时比其他事物更加能让孩子具备姿态和心理的魅力。除了跳舞以外，其他的礼貌细节，只要孩子不是有意做不到，大可不必太计较。

孩子犯错误是难免的，一些小毛病会在他们长大后自然地改掉，因而身为父母，实在没有必要因为他们礼仪的不周而过于操心。只要他们懂得尊重父母和师长，同时怀有健康的善意，他就一定会依据其最受欢迎的方式来表现，并以其善意获得众人的认可。

孩子的父母要用心令孩子保持温厚和善良的品格，充分运用名誉赞赏和所有由名誉及赞赏附带的可爱事物，令孩子温厚的品质成为习惯扎根于孩子的品德内。一旦这些原则在不断的练习之后得以巩固并扎下了根，做父母的便无须再担心，到时候他一定会拥有文雅的谈吐和合适的礼仪。

孩子幼年犯下的错误，只要他内心不曾出现傲慢式天性的不良表现，都是值得原谅的。需要注意的是，一旦他的行为流露出了这方面的迹象，就一定要马上予以纠正。

有关礼貌的问题，并非讲不可以在孩子幼时培养他们得体举止，如果早在孩子初学走路，便通过正当方法陶冶他们的情操，就是最好的了。我不能接受的是，在孩子的礼貌教育问题上，人们通常采用错误方式，孩子在行为方面的事项，从来没有人告诉他，可一旦他礼貌上有些大人看来不周到的地方（特别是家里有客人的时候），便会当场斥责，一说起来还会没完没了，将脱帽或退步致敬这些事一股脑儿拿来教训。这种家长，表面上是在纠正儿童的错误，事实上是在为自己平时的缺乏管教遮羞；做父母的，以斥责孩子的方式来维护自身面子，害怕受到别人缺少管教的指责。

对孩子的教育，如果只用训斥的方式，是毫无益处的。应该让孩子明白、清楚自己应该做的事情和不应该做的事情。对正确的事情进行反复的演练，直到他们烂熟于胸，而不是在他们还不清楚应该怎么做的情况下便训斥他们。这并非教育之道，而是令孩子遭受无缘无故的委屈。

因此，在一些小事上就由孩子去吧！别因为孩子在不清楚对错的情况下犯下的小错而责怪他。

那些因为幼稚的天性而无意间表现的不得体的行为，就由他们在成长的过程中去体味和修正，实在没有必要斥责他们。这是由于斥责无法让孩子变成优雅的人，反而会让大人变得不优雅。因此，只要孩子具有善良的品性，就算他们因缺少教导而表现得粗鲁，只要身边没有不良的伙伴，他们就一定会在时光的打磨下日趋成熟。最可怕的是孩子交上那些品德不端的朋友，从而不再听从父母的管教，那才是最糟的，因此，家长要明白：你对孩子的认真教导，不厌其烦地用礼仪的教条来要求他们，而你自己却无法做出正确的表率。

事实上，最能影响孩子言行举止的，还是言传身教。人类是模仿力很强的动物，近朱者赤，近墨者黑。孩子们跟什么人学什么样，是不足为奇的。

8. 远离坏的榜样

孟母的苦心，培养出了影响中国甚至整个世界的儒学大师。而她择邻而处的方式，作为教子成功的典范，是最值得后世父母学习的。

身为父母，一定要杜绝孩子接触缺少教养的人。这是由于坏榜样身上的恶习，往往具有传染的力量，假如他们和粗俗的人混在一起，就会学到粗俗的言辞、恶习和诡计；或者混迹其中，成为他们的一分子。

孟母三迁的故事你听说过吗？孟子的父亲怀才不遇，为了光宗耀祖，他远离故土，离开娇妻幼子到宋国游学求仕。孟母左等右等，等来的却是丈夫去世的噩耗。痛哭之余，这位伟大的母亲开始思考孩子的人生，她不仅努力挣钱养儿，培养他健康的体魄，还不厌其烦地用"言传身教"来完善儿子的人格，日复一日。

孟家原来的位置是在马鞍山下，那里是坟茔集中之地，不少外村的人都把过世的亲人葬于此处，村里的儿童闲来无事，就开始模仿丧葬之事。这些孩子们模仿得像模像样，别的大人们也是一笑置之，认为没有什么不妥。但是细心的孟母却认为，不能让孩子长期接触这种东西！

孟母的观念正是我前面一再提及的，儿童的成长受到环境和周围人的影响。于是孟母开始思考了：不能让孩子整天跟着村里的这些孩子一起胡闹，可是，孩子大了，又不能长期把他关在屋子里呀！孟母思来想去，这位超前的智慧母亲最后作出一个大胆的决定：搬家！

可是，离开故土，生活如何维系？不少人迫于生存的压力而罔顾孩子的教育，但孟母毕竟是位伟大的母亲，她深深明白这一切跟儿子的前程相比是微不足道的。于是，母子俩历尽千辛万苦，从鬼村搬到了十几里外的庙户营村。新的居住地作为一个交易集市地，每逢一、三、五、七、九单日，附近的百姓就会带自己种的一些特产来集市交易，孟母也可以乘机赚取一些金钱用以维系母子的生活。但是，很快孟母便发现，讨价还价、喧嚣热闹的场面对孩子的吸引力也是很大的。孟子和其他孩子们在家里模仿商人的模样，称秤换物，样样都学。可是，商人在当时社会的地位是很低下的。孟母在这里只待了半年，便再次搬家了。

这一次，孟母把找到适合孩子成长的环境当成搬家的首选。找来找去，她终于找到了合适的居所，就是邹城的学宫附近。此处虽然房子窄小，但她却认为是最佳居住地，精心布置屋子，并打算长期居住。

孟母选择这样的地方定居，是因为周围邻居都是读书人。当时的中国，有句俗话："万官皆下品，唯有独书高！"读书是被认为贫寒之家的唯一有机会向皇上展示才华从而成为贵族的机会。因此，读书人以识礼仪、懂文明为荣，并以其言谈举止来影响周围居民。特别是初学世事的儿童们，常聚集起来，学习学宫的礼仪，有板有眼，孟子也在其中。看着孟子在其间认真的样子，孟母大为欣慰。

孟母的苦心，培养出了影响中国甚至整个世界的儒学大师。而她择邻而处的方式，作为教子成功的典范，是最值得后世父母学习的。

9. 家庭教育能弥补学校教育的不足

想要让孩子拥有美好未来，获得良好生活习惯，能良好处理各类事件，就决不要让他从同学身上学到鲁莽、诡诈以及粗暴的品性。

孩子的玩伴，是比一切规则和教导都重要的。你或许会说，我实在不知道怎样管教孩子，如果把孩子闷在家里，或许能维持孩子的纯真，但不和人接触，就无法知道人情世故；同时会因为他们只习惯和熟人交往，在面对社会时变得懦弱或是自负。而且一旦他如脱笼小鸟，就难免会接触到人心叵测的人，从而受到坏的影响。

这两种方法都存在不足之处。由于孩子混野了，胆子变大，和同龄人相处就会更容易，同时同学之间互学互助很容易培养出良好的学习氛围。只不过，你很难找到一所学校，老师并非采用填鸭式的教育，而是注意对孩子性情的培养，把陶冶性情和仪容方面都像教语文和数学一样教出效果。

所以，父母将孩子送去学校，不过是想他学点将来赖以生存的知识，但若无法找到理想的学校，就不值得用孩子的天真和品行来冒险。尽管男孩能由同伴处获得胆量和勇气，但也有粗鲁和不良的自信心掺杂其中，你还得花时间去消除那种不合适、不正直的处世方法。与其这样，还不如最初便用正确方式来培养孩子，从而令其具备高尚人的姿态。

想要让孩子拥有美好未来，获得良好生活习惯，能良好处理各类事件，就决不要让他从同学身上学到鲁莽、诡诈以及粗暴的品性。

明白了这点，你就会明白，虽然家庭教育也存在不足，但还是比学校教育要安全。因为把孩子送进无法预测的学校，远不如在家里教育以保持其纯洁来得好。孩子在亲人身边，会受到耐心与细致的爱护，能获得优良品行，继而成为优良品行的人，习惯了和人交往，就会自然自信起来。但同时要避免男孩沾染粗鲁和喧闹的习性，因为这是和勇气与镇定相违背的。

培养孩子优良品德，比教育他能通晓世故更加难。而且年少时一旦失去了纯良品行，就无法再获取。而大众教育最大的缺点体现在培养的孩子往往不通世故或者是怯懦无能。而家庭教育则不会造成这样的结果，而且家庭教育中存在的缺陷，也比较容易救治。孩子在外面沾染的邪气要比家庭教育中的缺陷更危险，因为要特别防备，同时也要避免家庭教育溺爱造成的孩子的懦弱无能。而我赞同家庭教育的原因在于：它能培养孩子的优良品行。但同时也要留意在家庭的保护下成长的孩子也会由于过于单纯，对世事的把握不够，进而容易因邪恶的诱导而造成堕落。

　　因此，在青年离开了家，远离父母及师长的庇佑前，应学会人情世故，同时拥有自己的判断能力。否则，就会因为不懂交友危险，无法镇定抵制诱惑而误入歧途，甚至走到绝境之中。排除了这个危险性，一般的羞涩畏怯及不明世故倒也不是太危险，在他们融入社会后，这些毛病都会治愈。这是交际无法带给他们的，由此可见，导师是极为重要的。如果家长能为孩子培养刚毅气概及镇定态度，就会令他们在面对社会时具备优良的品性，不会受到不良风气的影响。

　　因此，为了让孩子具备自信的态度和与人交往方面的技能，便牺牲他们的纯真，准许孩子与教养不足、心术不正的人交往，是最大的错误。

　　从人生的角度来看，纯真的品行应重过外在的自信。独立自主品性是为了维持人类的正直品质，但如果自信之中掺杂了狡诈和邪恶，就免不了让孩子得意于自己的不正确的行为，从而毁灭孩子的未来。

　　因此，一旦孩子产生了不良行为，身为父母一定要努力消除孩子由同伴处沾染的恶习，只有这样才能避免孩了的毁灭。男孩了具备和人交往的经验，便会学会镇定，这只是个时间问题。因此，在孩子进入社会前，谦逊与服从的品质会让他获得优良的教导。由此可见，对孩子德行的培养比培养他们的自信更加重要，德行作为所有优良品质的基础，一定要给予孩子正确的原则，充分的实践，以便养成良好教养，对此要孜孜不倦、持之以恒，准备充足，才能避免日后人格的丧失。一旦孩子走进社会，在和人交往时，既能获得充足的自信，同时也会失去德行。因此，在孩子能独立于人际交往前，一定要将优良品行植根在孩子的人性内。

有关子女在长大走上社会之后与人交往，我会在将来详细叙述。那些不懂得选择朋友，从而学会了斗殴欺诈的儿童，缺乏知礼仪的社会素质。由于学校内的同伴们成长在不同的家庭，其父母素质各不相同，因此孩子们在这样的环境下，十分容易学到不良的品行。家庭教育往往比学校教育更能养成儿童的优雅举止和坚毅的性格，从而更能提高学习效率，懂得分辨是非对错，成长得更快。

我的意思并非是说教师不好，只是学校里七八十个学生的班级中的共同教育无法和两三个孩子的教育相提并论。再有本事的教师，再怎么认真负责，也不可能照顾到所有学生的方方面面。而且，他们只能在学生聚集在学校里的有效时间内管教他们学习知识，在其他事物上也难以教育好他们。而孩子心理中的品质培养，以及礼貌的养成并不是一朝一夕的事情，而是有赖于坚持不断的留心和特别的指导，而群体教学模式往往不具备这个功能。就算是再认真负责的教师，也无法一一指正孩子的缺点及错误，同时无法照顾到学生一天之中的二十四小时，因此，儿童受到同学习惯的影响会更大。正因为如此，教师的努力往往收不到良好的效果。

10. 放纵孩子的诡计危害无穷

德行的培养是全世界极有价值和最高尚的事业，可是在今天的社会里却被教师们忽视了，从而造成培养了众多沽名钓誉的伪君子，这不能不说是一种遗憾。

通常身为父亲，往往会接触一些大胆尝试并斩获成功的人，基于这个原因，父亲往往因为子女自幼表现出的勇敢甚至莽撞沾沾自喜，以为这样的孩子将来会获得成功，一旦看见孩子懂得一些小伎俩，便自认他学会的是谋生能力，足以在社会上立足了。这其实是十分错误的思想。只有将子女行为培养成良好的教养和优秀品质，才是可靠的。

和同伴们用计去盗取果园的水果，并非真本领。人才的养成，离不开正直及严肃品质，同时懂得观察自身缺点并予以纠正。这是无法在学校里从同学身上习得的。假如一个家庭内培养青年绅士的优良品质不比在学校里学得多，那绝对是由于他父亲找错了导师。

你如果不相信可以挑选一个学校里的高材生，再找一个与他年龄相当的受到良好家庭教育的孩子，对比他们在为人处世上谁更具大丈夫气质，谁在陌生人面前更加谈吐自如，我相信一定是学校学习的那个因为缺乏和成人交往的自信而贻笑大方。如果一个孩子仅仅具备和同龄人交往的自信，那是远远不够的。

邪恶在我们今天的社会迅速发展，它就像种子一样在年轻人身上生根发芽。如果你冒险让孩子在外厮混，放纵他任凭他通过自己的直觉来交友，他就会沾染种种社会恶习。对于近年来社会风气的恶化情况，我没有展开过深入的研究。但是，那些认为道德沦丧、抱怨学识倒退的人们，应该深入思考如何才能让下一代道德不至于堕落，知识能够不断进步。

如果我们不能在对青年的教育及基本原则上打好基础，那么所有的努力都会白费。之所以英国在世界上有极高的地位，靠的是英国公民的德行、学问及本领。因此，如果我们无法让纯洁、严肃及勤奋的美德都给他们，却希望他们能像我们的祖辈那样具备获得全世界好评的绅士风度，是绝对不可能的。

有关英国人的美德、勇敢也算是其中的一项。可是近年海上的那些事情，却是我们的祖先不曾发生过的。因此我不得不说，一旦一个人对道德不再有要求，便会磨灭掉勇气。如果荒淫行为对名誉造成了影响，勇敢便不复存在。世界上不管哪个国家，如果充斥着腐败风气而令人们的道德自律荡然无存，甚至邪恶的风气达到了肆无忌惮，这样的国家即使武力再强大，也无法在世界上建立良好的名誉。

这个道理适用于国家，同样也适用于个人。教育过程中最难获得同时又极具价值的目标，即核心目标，指的便是人的内在品行。因此德行并非霸道的"闯劲"，也非混世技巧。世间所有目标及追求在德行面前都应该自动后退，良好的德行是真正的善。

基于这个原因，教师不应该只是说教，而应该充分运用一切教育之便，将其当成心灵的养料，灌输于学生的心田，并且坚持对其浇灌，使年轻人对其产生真正的喜爱，并将荣誉快乐及力量根植在他们心田，并且不断地实施这项工作。德行的培养是全世界极有价值和最高尚的事业，可是在今天的社会里却被教师们忽视了，从而造成培养了众多沽名钓誉的伪君子，这不能不说是一种遗憾。

11. 不要做了孩子的坏榜样

父母应该明白，孩子很小就懂得模仿成人了，因此不能做坏榜样影响孩子。

拥有高尚品德的人，更容易获得成就。这是由于德行好的人，在任何事情上都表现得从容不迫和恰到好处，也不会刻意去强求。因此我认为，培养绅士的方式在于良好的家庭教育，把孩子放在父母身边，并由家庭成员亲自教导的方式是达到教育目标的可靠方式。绅士家庭中一定会存在各种各样的朋友，父母可以培养孩子习惯面对陌生面孔，并让他们能和有学问及教养的客人应对。一些乡下居住的人们在拜访友人时不会带上子女，我对此十分不解。如果父母对子女不愿费心去教导，那是极不负责的。不管家庭境况如何，对于子女的教导，父母也应该亲力亲为。

前面我已经讲过，同伴对儿童产生的影响极大。我们天生爱模仿人，尤其表现在孩子身上最明显。因此，我要提醒天下的父母：想要让子女尊重父母以及听从父母的命令，首先父母应该尊重子女。如果父母不希望孩子做某件事情，一定不能在他面前做。如果父母自己做了不想子女做的事情，子女就会认为这件事可以做，并会将其当作护身符一样，这个时候父母再想纠正错误就很难了。

父母常常自己会做一些不对的事情，但是却不让孩子做，一旦孩子做了就会严厉地斥责。尽管这是出于对孩子的爱护，不想他沾染恶习，但孩子往往不会理解这种行为，认为父母倚仗自己的权威而专横无理。只允许自己快乐和自由却不让孩子获得同样的快乐，这就会让孩子将父母自己能做，却不允许他做的事情当作成人的特权，继而对其产生更大的兴趣，更希望获得该项权力。父母应该明白，孩子很小就懂得模仿成人了，因此不能做坏榜样影响孩子。比方男孩多半爱穿短裤，女孩爱穿高跟鞋，并非因为短裤和高跟鞋舒服，而是他们认为这样的穿着是成人的象征。

这些教育儿童的方式，不仅仅限于父母可以运用，而是适合一切管教孩子或孩子敬重的人，比方导师和祖父母。

12. 了解孩子而不是溺爱他

父母对孩子的爱是天经地义的，而一旦这样的爱丧失理智，造成没有节制的扩张，便会扭曲成为溺爱。正如饮食无度弄坏孩子的身体，宠爱及放纵也会对孩子的性格造成不良影响。

在英国的一些地方，父母们坚持让孩子们自己上学，哪怕是寒冬腊月，天上大雪纷飞，那些上学的小学生，只穿了短的羽绒衣和薄的裤了，背着重重的书包艰难行走，他们没有父母陪同，也没有车马相送，小脸蛋冻得通红却依然欢呼雀跃。英国人正是这样训练孩子的独立意识的。

爱护孩子是天下父母的天职，就连母鸡也懂得，但是对孩子的教育就没这么容易了，要求具备才干和渊博的生活常识。

父母对孩子的爱是天经地义的，而一旦这样的爱丧失理智，造成没有节制的扩张，便会扭曲成为溺爱。正如饮食无度弄坏孩子的身体，宠爱及放纵也会对孩子的性格造成不良影响。

溺爱之下长大的孩子，容易养成以自我为中心的习惯，不理会别人的需要及喜好，爱怎样就怎样，没有自律能力，缺乏恒心、惧怕艰难、缺乏毅力。加上父母的宽容迁就容易养成其放纵性格，而父母的包办，也会造成孩子缺乏独立能力，从而过度依赖父母，胆小怕事，缺少判断力及自信。

13. 别让学习成为孩子的负担

什么样的教育方式才正确呢？正确的方式是让孩子对于你想让他学习的事物产生兴趣，如此一来，他们就自然用功了。

我还要再次讲讲，有关奖励与惩罚。孩子所有稚气举止及不文雅的行为，此外还有未来将随年龄增长而获得改善的小毛病，如果父母不去打骂，一定会让孩子的皮肉之苦大降。

读书、阅读以及学外语，也可以通过循序渐进来完成。只要父母采用了合适的教育方式，暴力是可以避免的。

你一定会想，什么样的教育方式才正确呢？正确的方式是让孩子对于你想让他学习的事物产生兴趣，如此一来，他们就自然用功了。父母要做到自己先慎思明辨，挑选正当的方式来教育孩子，而不能让那些成为孩子的负担，决不能将其当成任务压在孩子身上。如果不然，就会适得其反，即使他之前喜欢的，或是对其并无爱憎，一旦他觉得这件事是别人所逼、无法摆脱的事情，他就会产生厌恶情绪。

不信你可以做个实验，让一个孩子每天在固定时间去玩陀螺或是其他孩子喜欢的游戏，不管他是否喜欢都要求他去玩，从而令抽陀螺或其他喜欢的游戏变成一项任务，每天早晚用大量的时间去做，时间久了，他就会对这个游戏产生厌恶情绪。

大人们也是一样，一旦他对自己感兴趣的事情变成了责任，也会立即厌烦起来，从此不再忍受。同样的道理，儿童也渴望自由，愿意别人称赞他们拥有自觉的良好表现，期待别人将他们当成独立个体，认为自己的心理与成年人一样。这样的想法是不会受到大人的意志而转移的本性。

14. 学习也可以像玩游戏一样轻松

父母应该教导他们主动去问老师"应该怎样做"，取代老师给他们下达的命令。如此一来，他就会自愿主动地学习了，和玩游戏一样自觉。

自觉的学习是最好的，因此，就算父母在孩子身上已培养出一些兴趣，但孩子并未主动去想做这件事，身为父母，也要尽量避免催促。就算是喜爱读书、玩音乐、绘画的人在一定时候也会对自己喜爱的东西感觉乏味，此时勉强他们去做，只会是适得其反。同样的道理，孩子们也有情绪的高低，因此，父母应该牢牢把握孩子的兴致，如果孩子尚未形成发愤的气概，就应该先教他如何发愤，再接着学习。一个具有优良素质的教师一定是具备对儿童心理研究的人，从而依据孩子特点灌输合适的观念，让他们能对自己应该学的东西产生兴趣。这才是教育之道。

这样的方法，能有效节省父母与孩子的时间及精力。这是由于孩子在兴致高的情况下，能拥有平时 2～3 倍的学习效率，但一旦勉强去做，就需要吃双倍的苦、花双倍的精力了。

明白了这个道理，就能彻底解放孩子，以便他们尽情地游戏，获得心满意足，同时还能拥有充裕时间来学习实现劳逸结合。

可现实中我们却往往不使用这种优秀的教学方法，而是通过粗暴的"棍棒教育"法来教育孩子。这种方法依据的是暴力规则，它无法征服孩子的心，是由于它缺乏对儿童的考虑，不体察孩子的心情，未运用孩子的兴致变化，自然无法取得良好的效果。

棍棒教学法就是通过鞭打和压迫来促使孩子学习，往往效果会适得其反，令孩子对要他做的事情更加厌恶。但是，父母却希望这种方法能让孩子停止游戏，自愿学习，这实在是太可笑了。

那么，应该如何合理运用儿童的兴趣，进而施展有效的教育方案呢？

事实上，采取了合适的方法后，游戏与学习之间并没有明显的区分。游戏也会玩腻，而且能在玩腻后再次引发他们的兴趣，学习也是一样的。其实孩子在正常的时间下，在学习时与在游戏中用到的精力差不多，不会因为学习是"正经事"而投入更大的精力，他们在天生的活泼健壮的心性下不时变换花样。而游戏的优势则在于是孩子们主动做的，因此，即使玩得再累，他们也会心甘情愿地玩，从来不用大人督促。而学习由于缺乏乐趣，加上大人们总是会强制他们学习，这无疑会引发他们的反感。他们想要自由，而这也是他们喜爱游戏的原因。因此，父母应该教导他们主动去问老师"应该怎样做"，取代老师给他们下达的命令。如此一来，他就会自愿主动地学习了，和玩游戏一样自觉。

善于运用这种方法的家长，一定会激发孩子的积极主动性。当然，万事开头难，毫无疑问，这种改变教学方式的事情，最初也会很难运用。但是，只要在一个孩子身上成功验证了，就一定也能运用在对其他孩子的教育之中，从而让教育变得更加容易。

15. 抓住孩子学习的最好时机

通过培养孩子有理智的方法去教育他，在他正做一件事时指导他做其他事情，经过他的理智分析，觉得应该服从，他便会迅速地改向去做另一件事。

孩子学习的最佳时机，便是处于他极高兴致、心甘情愿去做的时候。此时他精神集中，不会懈怠。此时不管让他做什么，他都不会憎恨。这是不容置疑的，但同时也要注意：首先，若孩子在兴致很高时，你不去关心他，就会让他兴致大降。但是，如果他根本没有引发兴趣的时候，此时就必须另辟蹊径了。培养他的兴趣，绝对不能让他养成懒散的坏习惯。其次，要培养孩子"拿得起，放得下"的能力。这是值得所有家长努力的。就算孩子心情很差，或是心思并不在此，我们也要培养他们自律自主的精神。即使他正玩得开心，但是经过选择认为现在应该先做另外一件事，也要马上高兴地放下手头的事情去做另外一件事。

通过培养孩子理智的方法教育他，在他正做一件事时，指导他做其他事情，经过他的理智分析，觉得应该服从，他便会迅速地改向去做另一件事。你可以在他偷懒和不想做事时，或者兴趣体现在其他事件时，指定某件事要求他完成，从而训练他主宰自我，不断训练，必要时能放开手中的事，心甘情愿地去做那些乏味的事情，既不勉强也不烦躁。这样的教育方式，比逼迫他学拉丁文或逻辑学要好多了。

16. 千万不要命令孩子去做一件事

孩子们喜欢游戏的原因，在于游戏的自由，孩子们的自由一旦被剥夺，那么就算是游戏也变得索然无味了。

孩子的天性活泼好动，他可不愿意闲着，可是做什么事情，他们是无所谓的。在来自外部的鼓励或者阻碍差不多的情况下，比如是跳舞还是跳房子，他们无所谓。而孩子在做事的过程中，唯一的阻碍来自于父母的命令，把学习布置成任务要求他完成，一旦做得不好就会羞辱、斥责他们，让他们在做的过程中胆战心惊。或是他原本甘心做的，但因为父母一直让他做，令他觉得疲惫，从而侵犯了孩子所喜欢的自由。孩子们喜欢游戏的原因，在于游戏的自由，孩子们的自由一旦被剥夺，那么就算是游戏也变得索然无味了。

榜样对孩子产生的吸引力尤其大。特别是在他看见一些地位较高的成年人的特权，会极大激发他们的渴望。"长大成人"是所有孩子的愿望，也是孩子的动力。当他看见父亲在聚会中用拉丁文朗诵获得了满堂彩，就会对拉丁文产生兴趣。此时再给他适当的鼓励与赞扬，就足够激起他的荣誉感，从而用功地学习，不用皮鞭，也用不着家庭老师。只要让孩子自主学习，别的事情就会顺利了。做到了这一点，还要保障孩子周围无不良榜样，保障他能获得正确的鼓励。我认为危害产生于孩子不懂事时，他周围那些教养不足的人树起了坏榜样，加上教育者对儿童缺乏原则的溺爱及不负责任的奉承，会让儿童养成爱好享受和喜欢名不副实的赞美的性格。

17. 责骂会损伤孩子的才智

孩子受到的责罚应越少越好。一些责骂尤其是怒气冲冲的斥责，只会起到糟糕的作用。

在英国乃至整个欧洲的很多地方，都是注重"鼓励教育"的。老师尊重和信任学生，遇事总是和他们商量："What do you think?"（你们怎么认为?）但有些国家的老师们习惯于摆出一副命令的语气："你们要……你们必须……"通过"鞭策"和"教诲"来显示师者威严。

鼓励作为一种心理需求，能起到重要的作用。没有人愿意遭受批评、指责和埋怨。孩子们尤其需要鼓励，适当的鼓励会让他们情绪高涨，继而进一步激发他们的潜力，学习起来就会事半功倍。

曾经有一位心理学家，借助"精神气电现象"测定来了解孩子获得夸赞和受到责备时学习能力及疲劳曲线所发生的变化。测试证明，孩子热量曲线由于疲劳而下降了，此时对他夸奖和肯定，便会令热量曲线再次上升。由此可见，正面鼓励能有效地去除儿童的疲劳，进而提高他们的学习效率。而在孩子遭受责骂与嘲笑时，热量曲线则会下降许多。该实验证明，那些望子成龙的父母，以急切心情来数落孩子，终将事与愿违，不会收到好的效果。"你真蠢""一点出息都没有""你简直就不如别人"的责骂，会让孩子产生疲惫感，进而极大地损害孩子的聪明才智。

通过上述分析，我们已经明白：孩子受到的责罚应越少越好。一些责骂尤其是怒气冲冲的斥责，只会起到糟糕的作用。所有的暴力方式，都会减损父母于子女心中的形象，继而降低子女对父母的尊重。你要明白，孩子在幼小的时候便能区分愤怒与理智，他会尊重父母的理智，同时轻视父母毫无理智的发威。后者即使也能慑服他们，但其无法长久发挥功效，因此这种仅有声势的空架子是无法令孩子们屈服的。

只有孩子真正做了坏事，父母才可以进行严惩。而这种情况基本上不会发生在孩子的幼儿时期，平时一些小错，只要稍加指正便好。即使偶尔对他们责备几声，也要十分注重说话方式，以严肃、庄重和温和的方式，讲清楚他的做法中的不当之处。绝不能由着自己的性子去责骂孩子，这样的方式会让孩子无法分辨父母的怒气是针对自己的过失，还是自己本人。况且父母在盛怒之下呵斥子女，难免会夹杂着粗言秽语，那就更糟了，孩子会跟着父母学，继而也变得满口脏话。父母在为此伤脑筋的时候，是否会想到，这正是自己造成的呢？

18. 什么时候可以打孩子

对儿童的惩罚要遵守这样的原则：不罚则已，一罚便要产生威慑力，一定要达到彻底教育他的目的。

如果孩子并非骄横刁蛮，只不过是意志薄弱、疏忽善忘或者粗心大意而造成了错误，对此无须体罚，只要严肃规劝就好。所有的教育，不过是为了令孩子自觉，一些父母由于孩子没按自己的要求去做，或者做得不够完美便打他们，这是对处罚的滥用。

比如一个用功的孩子，偶尔一次考得不好，回家父母不问青红皂白就是一顿打，就会极大挫伤孩子的自尊心，进而还会令其产生逆反心理，进而自暴自弃。

只有在孩子做错了事却死不认错，反抗得很厉害的情况下，才可以使用体罚。但也要明白体罚的意义所在，绝不是说力度大的体罚就好。体罚的作用是为了唤醒孩子的羞耻感，而不是打疼他。如果有其他别的方式也能让孩子觉得害怕，那么，责罚也可以省略了。我认识一个上流社会的孩子，他最怕的就是被脱鞋，对他的惩罚只要脱了鞋，便起到了作用，这是皮肉之苦都无法达到的目的。

对孩子实施体罚，他只是害怕身体的疼痛，皮肉之苦很快就会消失了，因此，他无法产生深刻的印象。而羞辱才是真正对他实施的德行制裁。要是孩子挨打而不感到羞辱，只是有点痛，这点痛很快就消失了，打过几次之后，他便不再害怕肉体的短暂痛苦。

如果孩子拒做一件应该做的事，又或者一定要做被父母禁止的事情，就一定要令其服从，不得反抗。如果父母的命令正确，子女却非要反抗，此时父母一定要赢，在眼色或言语均不能取得效果的情况下，就"脱鞋"吧，不能姑息和纵容，否则就会滋长他的坏习惯。

对儿童的惩罚要遵守这样的原则：不罚则已，一罚便要产生威慑力。一定要达到彻底教育他的目的。如果要用到八次惩罚才有用，就不能在第七次停止。往往这种要用到多次教训才能取得效果的孩子都有着顽固的个性，父母只得用越来越重的惩罚来扭转他的个性。但只要达到效果，树立了父母的威信后，便可采用严肃结合和蔼的方式来维持了。

惩罚的程度，与孩子犯下的过失的大小无关，而是要依据其对父母表现出的不尊重和不服从的程度。如果孩子拒不服从，不得已时，父母也可以实施体罚，但正如前文所述，要注重羞辱而不是暴力。也就是说，棍棒的力量一定要触动儿童的心灵，直至看出孩子表现出真心的忏悔和诚恳的后悔。如果不能达到这个目的，孩子一定会更加顽固。对此，我认为不少人都是由于自幼未受到正确的教育，才导致脾气更加倔强。因此父母对孩子的惩罚只注重发怒，就像是报复孩子过失那样，是无法改正孩子的错误心理的。

19. 幼稚和顽劣的区别

一定要避免儿童向邪恶靠近，以及他们心理上走向邪道。此外，儿童于不同年龄表现的所有幼稚的行为，会随他们年龄的增长而改善。他会懂得调整自己去适应年龄的改变。

孩子偶尔的过失，不能当成错误来对待，也不应对他过于惩罚。但如果孩子由于年幼无知而表现出对父母和师长的不敬，那就不得不引起重视了，父母可以通过温和的劝告校正孩子的过失。而如果孩子反复并且公然漠视父母的要求，则代表着顽劣，这时就要施以惩罚了。但父母也要注意，顽劣才需要惩罚，而非幼稚。

"顽劣"的孩子也并非一无是处，事实上，他的身上，也有着诸多"优点"。一些孩子之所以顽劣，是由于未在家庭中获得足够的爱，或因学习中的失败导致信心的缺失，从而显出顽劣的一面。这样的孩子往往对鼓励和信任都不关心，批评和表扬都无所谓，从而让父母和师长都对其失去信心，认为他们真的无可救药。但是我认为，这些"顽劣"孩子的内心仍然需要自我肯定，其内心往往交织着自我肯定的需求与自卑感，而并未自甘沉沦。同时，正是由于其渴望受到重视和信任，才让他的"顽劣"更加突出。

改变这些孩子的办法在于，寻找孩子身上的"优点"，从而诱发其内心深处对获得尊重和爱护的渴望，继而将其变为追求向上的动力。这就要求父母以其热忱之心，创造良好的环境，以便孩子充分展示个人"优点"，让他们能充分体会到受人尊重、获得信任的喜悦。

以上的讨论说明：一定要避免惩罚，尤其是暴力的惩罚。一个孩子如果具备了上面说的一切，表现出对父母以及理智规劝的敬畏，那么，只需给他们一些眼色就好。

孩子在不同年龄段所具备的特征，幼年或童年期的孩子自然和成年人不同。因此，我还是要说，孩子与其年龄相符的幼稚或愚蠢举止，理应获得宽容的对待，甚至无须理会他。做事疏忽大意与贪玩原是儿童天性。我在此要予以补充，前面所讲的严厉对待孩子不应该扩充到对孩子天性的束缚，对于儿童在年幼时的自然表现，不宜当成顽固不化或有意的反抗来对待。

有关理智、谨慎与自律的事情，应该将儿童当成天生弱者对待。儿童由于意志薄弱造成的过失理应重视和提醒，但只要过失并非故意而为之，也不宜夸大地严厉斥责，只能于他年龄及能理解的范围内以温和手段予以纠正。从而让儿童明白，自身错误行为令别人讨厌的到底是什么，从而有效避免遭人讨厌的特点，继而保持儿童内心中的正当意志。还应令其明白，正当的意志能有效保证他不会犯大的过失，进而避免发生不快；在不涉及原则的情况下，发生的一些微小的过失，能获得父母与师长的包容与帮助，不会造成他们的发怒。

一定要避免儿童向邪恶靠近，以及他们心理上走向邪道。此外，儿童于不同年龄表现的所有幼稚的行为，会随他们年龄的增长而改善。他会懂得调整自己去适应年龄的改变。但父母要掌握的原则是：父母的规劝一定要具备力量及威信，想要改善儿童的不当行为，就要持之以恒，决不可半途而废。我建议父母们在孩子没有恶力的前提之下，要少用权力和命令。因为只有令孩子产生内心的敬畏才是最好的办法，多数情况下讲讲道理，温和地进行劝说，都能收到极佳的效果。

第五章　对孩子实施民主

　　你也许会问，怎么跟小孩子讲道理？但这是对儿童真正能起到作用的办法。事实上，孩子在能听懂大人说话时，便开始懂道理了，他们希望父母当他是理性的动物，而且这种渴望比父母想象的年龄更早。因此父母应鼓励他们自主判断问题的能力，并极大地运用这种天性，将其当成教导儿童的最佳工具。

　　但对孩子说理，也要适应他们的理解能力，不可以把3到7岁的孩子当成成人来论辩。因为长篇大论的说教及富有哲学意味的辩论，建立于良好的知识及思维能力，孩子们不具这种思维能力，只会觉得迷惑和惊奇，无法构成有意义的教导。因此，我建议将孩子当成理性动物来对待，一定要做到有温和的举止，就算惩罚也要有镇定的态度；一定要让孩子明白，你对他做的或要求他做的一切，都是为了他好，这是十分重要的，要让他明白，你吩咐或禁止他做的事情，都有一定的道理，绝非大人任性而为或滥用权力。在孩子理解道理的情况下，便可以用道理说服一切，但需要注意的是，所讲的道理，一定要与他们的年龄相符，能被孩子理解。道理的讲解要从孩子小的时候开始，要由浅入深，不能从上帝造人说开始讲起。

　　至于"责任之所在""是非的渊源"，这些话就算成年人也无法听进去，孩子们就更加无法理解了，就算你为之整理出长篇大论，也无法引起他们足够的兴趣。因此，想用道理打动孩子，就一定要保障道理的明白顺畅，要适合孩子的思维，做到生动有趣。同时充分考虑到孩子的年龄、爱好和性格，帮助他们建立良好的习惯和正确的是非观念，找到能让他走上正道的力量。如果孩子犯下的过失值得关注，你就得让他明白这是遭人取笑和羞辱的事情，同时还会失去父母的欢心，如此一来，他就自然会避免发生这样的过错了。

一个文明和民主的家庭，是按照有道理的一方去办事情的，所有的人都按有道理的人去做，而并非家长的独断专行。在这种环境中长大的孩子，形成了良好的习惯，自然就不会无理取闹了，家长也便无须以训斥或吓唬的方式来教育孩子了，整个家庭就会拥有温馨和谐的氛围。在这样的家庭环境中，孩子的聪明才智会得到良好的发挥。

不能过于挑剔孩子身上的小毛病，过度的严格会造成孩子的拘谨和无所适从。太多的管束也会让孩子变得唯唯诺诺和谨小慎微，从而变得缺乏主见或是对家长阳奉阴违、谎话连篇。孩子一旦沾染了这样的坏习惯，那就更加糟糕了。因此，在对孩子的教育中，一定要重视人品的培养，塑造孩子真正的优良品质。

1. 告诉他什么是美或丑的榜样

通过身边具体的事实去让孩子学习或避免，这是最温和和深刻的。儿童由于疏忽大意犯下的错，如果看见别人在做相同的事所产生的不快结果，他也会厌恶这种行为并为自己曾经所做的感到惭愧。

教育儿童的最好方案便是榜样的力量，可以把正面和负面的榜样指给他们，顺便告诉他美好的好在何处，丑恶的为什么遭人唾弃，继而鼓励他模仿美好的，回避丑恶的。这样，比什么说教都好。

作为缺乏生活经验的儿童，记忆库基本上是空白的，对于父母的说教，毫无经验，因此口头上的教导无法令其明白美好的事物和邪恶行为间的不同。而别人的所作所为会更加形象，父母只要将这些行为指出来，让他们自己看，就会让他们明白优雅和失礼的不同，进而加深印象，这可比规则和教训有用多了。

该方法并不限于使用在童年期，而是要在孩子需要成人指导时一直运用；而且只要父母觉得合适，可以一直用下去。榜样的力量对于孩子来讲，是无穷的。通过身边具体的事实去让孩子学习或避免，这是最温和并深刻的。儿童由于疏忽大意犯下的错，如果看见别人在做相同的事所产生的不快结果，他也会厌恶这种行为并为自己曾经所做的感到惭愧。在孩子小的时候，可以用身边的人作为榜样，待他们年龄增长，认知越来越多的时候，便可以以一些名人和伟人作为他们的榜样。

2. 怎样打孩子最合适

只有在万不得已的情况下，父母才可以动手打孩子；但只能在事态严重，一定要让孩子记住时，才由父母亲自执行，避免孩子记不住。

在不得不使用鞭笞的方法的情况下，就该考虑应该如何执行了。什么时候执行，由谁来执行，都是应该考虑清楚的。

是在孩子犯错初始，对过失产生的情况还记忆犹新时，趁热打铁吗？

父母能不能亲手打孩子呢？

有关执行的时间，我是不主张要犯错后马上执行的。这是由于人在盛怒的情况下免不了会感情用事，而感情用事的最终后果会导致鞭笞力度偏大，却无法发挥相应的效力，从而让孩子白白受到皮肉之苦。同时，孩子也能分辨出父母是否丧失了理智地鞭打他。他遭受的皮肉之苦会令其觉得父母不公平，而如果父母能冷静地从理智的角度出发，再采取相应的惩罚手段，则能发挥极大的效力，这其中的区别，孩子也可以分辨。

至于孩子犯了错由谁动手的问题，我认为，父母最好不要亲自动手。如果家庭中有办事周全的保姆，可以承担鞭笞的任务，可以通过父母发出命令，同时负责监视，由保姆执行。这个方案能有效保持父母威严，从而不会破坏掉父母和子女的感情。只有在万不得已的情况下，父母才可以动手打孩子，但只能在事态严重、一定要让孩子记住时，才由父母亲自执行，避免孩子记不住。

3. 鞭笞是最后一招

如果父母能重视，及时扼杀孩子错误的行为或念头，就用不着总是吵吵嚷嚷甚至用棍棒来对付他们了。但要是我们宠坏了自己的小宝贝，令他的过失根深蒂固了，就一定要将锄头深到根底，将其连根拔起以绝后患。

前面我讲过了，鞭笞是所有惩罚儿童中最坏的，也是不得已而使出的最后一招。只有当所有的办法都无法奏效了，万不得已的情况下，才能用到这最后的招数。

如果孩子出现了不良的倾向，只要他有苗头出现，做父母的就要马上表示出十分惊愕的样子。如果这样的事情反复出现，父母、师长和所有亲近的人，都要给他颜色看看，从而让他觉察自己的表现与缺乏名誉的儿童没有差别，直到他清楚自身过失并觉得羞愧。这可比鞭子有用多了，而之所以要采用鞭笞的方法，是由于父母管教不当。假如孩子的不良倾向能被早一点发现，在他刚犯错时，父母便予以矫正，这种情况下，每次所应付的坏毛病就单纯许多了。

如果父母能重视并及时扼杀孩子错误的行为或念头，就用不着总是吵吵嚷嚷甚至用棍棒来对付他们了。但要是我们宠坏了自己的小宝贝，令他的过失根深蒂固了，就一定要将锄头深到根底，将其连根拔起以绝后患。

如果等到地里杂草丛生了才动手，此时就要大费周折，辛苦劳作了，但仍然会难以根除，更加难以取得良好的收获。

如果能按我说的，由根本上开始，就能避免父母和子女的繁冗教条，少一些"要这些，不要那些"的规则。对于那些出现的、将造成不良行为的举动，如果孩子并未出现不良行为，就无须禁止。着急禁止是不对的，就像在暗示和诱导他去做那件还没做的事情，这些过失往往孩子不清楚更好。前面我已经讲过了，防止他犯错的最佳方式是在他的过失出现时，表现出惊愕态度。比方孩子初次撒谎或者恶作剧时，父母把这当成不可思议的可怕事情，告诉他想不到他竟然做这种事情，从而令其羞愧，不会再做这样的事。

4. 不打不成才吗

教鞭下的教导只能让孩子勉强去学。因此，认为儿童需要鞭笞才肯学习语言文学的想法是错误的。

也许会有人提出异议：不打不成才，许多顽劣的孩子是绝不可能主动读书、学习的。我们不妨想想，孩子在学习法文和意大利文时为什么能自觉，但是学习拉丁文和希腊文却离不开鞭笞呢？而他们学习跳舞、击剑甚至算术或图画无须鞭笞呢？这就对贵族学习的教学方式提出了质疑，是否这种方式不适合孩子的年龄，从而令他们觉得不合口味，所以才不愿意去学呢？

教鞭下的教导只能让孩子勉强去学。因此，认为儿童需要鞭笞才肯学习语言文学的想法是错误的。

5. 因材施教

如果鞭笞不能发挥其效力，那就不再是善意的教导，反而变成了父母盛怒下的报复。此时惩罚不但无法收到效果，甚至还会因此激怒孩子，令其加强对抗的力度。

不可否认，或许有些孩子确实天性漫不经心、懒惰，温和的教导在他们身上行不通。但是，这并不代表所有的孩子都离不开鞭子。因此，我才会一再强调，对棍棒教育一定要慎之又慎。

温和法没彻底实施前，我们无法轻易下结论。但如果孩子特别顽劣，也不能姑息。对于这种孩子，鞭笞是极好的矫正法。不过值得注意的是对他们的鞭笞也要与一般的责罚有所不同，在此我将具体叙说。

那些有意不读书，即使父亲严肃下达了命令仍不肯做他应该做的事情的孩子，可以在抽鞭子的同时教训，从而给他加深印象，这可比在他身上留伤要好得多。仅凭孩子的表情和语调，父母可以分辨出他是疼得求饶还是清楚个人的过失，只有在他哭泣中表达了真诚悔恨，才停手。

鞭笞的方法也要讲究时机和针对孩子不同的性格，如果严厉的鞭笞多次都无效，鞭笞也就失效了。

在这种情况下，父母和孩子都是十分可悲的。如果鞭笞不能发挥其效力，那就不再是善意的教导，反而变成了父母盛怒下的报复。此时惩罚不但无法收到效果，甚至还会因此激怒孩子，令其加强对抗的力度。

这种桀骜不驯的孩子是最难教导的，身为这类孩子的父母，可以做的，只能祈祷他能回心转意。等待这样的孩子长大成人，要是能理解父母的酸楚，他也会觉得悲哀。但这毕竟只是少数特例，多数孩子都拥有善良的本性，就算一时未能控制自我，只要实施调教，都会发生好的转变。

第六章　为孩子寻找导师

导师自己的言行举止，一定要遵循自己训导。若你说一套做一套，孩子势必不会相信你。如果导师缺乏自律力，任意率性，却教孩子自我克制，那根本就是白费力气。

父母是孩子的第一任老师，也是在孩子成长过程中陪伴最多的人，同时也是对孩子影响最深的人。因此，父母的人格将极大地影响子女。父母将子女带到人世间，其教导子女的责任义不容辞。如果父母存在人格缺陷，就会对孩子造成毁灭性的灾害。

那么，父母对子女的责任及义务是什么呢?

多数英国人都认为父母的责任表现在：帮子女接受整套的让子女能立身处世的社会准则，教育子女尊重其他人的权利及意见，尊师重道、守法奉公，懂得自我价值，这些是成就所有事业的基础。英国作家安·兰得斯曾说过："父母负有对子女言行实施引导和管事的责任。"

凡是那些具有远见的父母，不仅清楚自身责任，同时还会不断锻造孩子的健康人格，帮助子女建立起伟大的理想，让他们掌握相关的技能，从而具有良好的社会生存能力，同时能充分抑制邪恶力量。

越来越多的人开始明白早教能对孩子的成长发挥重要作用，从而像驯兽般训练孩子的智商，毫不理会孩子本身的意愿。

这种带着明显企图的教育，是家长贪婪自私的表现。教育孩子的目的并非将其变得了不起，而是令他成为有高尚品格的人、具有美好心灵的人。这需要家长在这方面多加关心，而不是不断地给孩子报这样那样的班，不停地给孩子增加学习的压力。

一个受到良好教育的人，可以开创光明的前途；反之，不当的教育方式会令孩子误入歧途。由此可见，要培养具有高尚心灵的人，即使不能成名成家，又有什么呢？现在的教育，只注重智力的培养，而忽视了精神行为的教育，只起到了"一半教育"的作用。

1. 给孩子选择好的导师

应由孩子学说话开始，在他身边安排拥有谨慎个性和清醒头脑的导师，导师最好还能具备聪颖天资。由这样的导师引导孩子上正轨，阻断一切孩子接近坏事的机会，远离坏伙伴的影响。

想让孩子成为有教养的人，应采取积极正面的方式，这是值得父母花心思的事情。应由孩子学说话开始，在他身边安排拥有谨慎个性和清醒头脑的导师，导师最好还能具备聪颖天资。由这样的导师引导孩子上正轨，阻断一切孩子接近坏事的机会，远离坏伙伴的影响。

以良好的德性来吸引孩子，这样的导师一定要拥有强大的定力、忍耐力和温和、勤勉、谨慎的高尚品质。诚然，具有这样素质的人可遇不可求，你是很难找到的，而且薪水必定也不低。但我还是要说，请导师的费用是花在孩子身上最值得的钱。好导师自然比普通的导师花费要多一点，但是如果效果能达到让孩子拥有善良心性，在人生道路中拥有良好能力和礼貌，有教养和学识，这比用钱来买地产要好得多。

玩具、精美的服饰、花哨的装扮、精美的学习用品等不需要的开销，完全可以节省下来，请教师的开销是绝对不能节省的。让孩子物质丰裕却精神贫乏，是本末倒置的教育方式。

我经常看到有些人铺张浪费，让子女享受光鲜的打扮，让他们珠光宝气，住处讲究，家中雇下许多仆人侍候子女，但对于那些本性中的无知和错误等丢面子的事情，却毫不为意地暴露出来，这实在是令人费解。

我认为这样的做法是牺牲整个家庭来满足个人的虚荣，只是为了达到夸耀的目的，对子女毫无益处。事实上，父母为孩子在精神上的付出才是聪明的做法。这在别人心中和事实上都值得尊重，是幸福之源；如果一个人头脑愚蠢或是心术不正，不管父母留下多少财产，都无法让他获得幸福和尊重。以你阅人无数的经验来讲，你愿意孩子年入 500 英镑，但是名誉良好，过得坦然，还是希望他成为年入 5000 英镑，但私生活一团糟的人？

2. 选择孩子导师就像给自己选择配偶

尽管理想的导师极难遇见，但只要父母花费足够的金钱及精力去寻访，还是有希望达成的。我可以担保，你如愿得到好导师，便不会后悔所花掉的金钱，而且，孩子的收获会让你觉得这是所有花掉的钱中最合适的一笔。

理想的导师要能像父亲，担起父亲的责任，所谓"一日为师，终身为父"。因此，导师应喜爱他所处的教育者位置中的责任，同时具有实现责任的能力。只有具备这些素质的人，才能胜任家庭导师的职位。而一个家庭内能有这样的导师，子女一定会在知识和礼仪上都不断进步。

通常不能让导师来打孩子，除非家长对导师有了全面了解，完全摸清其脾气，清楚他的谨慎和理智，才能进一步委托他更多的教育任务，甚至让他拥有责打孩子的权力。

但同时也要注意，不能抹杀导师的威信。有关导师不能责打孩子的事情，父母不能透露给子女；同时，全家上下要十分尊重导师。只有这样，孩子才会尊重并听从导师的安排。

如果父母不够尊重导师，只能说明选错了导师。而父母对导师的态度，就算流露出了些许的轻视，也会被孩子看在眼里，进而他也会表现出对导师的轻视。而一旦导师在孩子心中失去了威信，他即使再有才华，教育能力再强，也因无法得到孩子的尊重，而无法很好地施教。

在尊重导师这方面，父母应该以身作则，而在教育过程中，导师要做到以身作则，让儿童依据导师的教导去做。导师绝不能违背个人的教育，否则就会失去孩子的信任。如果导师自律能力不够，做事率性而为，就无法教孩子学会自我克制。如果导师行为不端，举止失礼，孩子一定也会有样学样，而且学坏往往比学好要容易多了。因此，导师一定要特别留心，绝不能让坏榜样影响了孩子。

万不能让孩子接近缺乏教养的人，但是也要注意方法，不能采取禁止的方法，因为禁止其实是一种引诱。有人做过一个实验，在一个并不显眼的墙洞上写上"不可朝里看"，结果原本无人注意的墙洞，一下子吸引了好多人过来看。

这个实验告诉我们，想要孩子不接近某些人，就不应该让他知道那类人的存在，一旦孩子知道了，就会更加想去接近他们。

尽管理想的导师极难遇见，但只要父母花费足够的金钱及精力去寻访，还是有希望达成的。我可以担保，你如愿得到好导师，便不会后悔所花掉的金钱，而且，孩子的收获会让你觉得这是所有花掉的钱中最合适的一笔。

孩子导师的寻找是十分重要的，其关乎到下一代的气质和品德，因此，必须严谨，绝不能凭朋友交情，或者将其当成提供别人工作机会的好事，也不能仅凭别人的推荐，而是要自己观察，同时坚持原则，找出真正适合的人选。

就算有人拥有极好的声誉和渊博的学识，也不代表他是优秀的导师，这是由于教导孩子的本事并不是天生的。由此可见，选择孩子的导师应像给自己挑选配偶那样保持清醒的头脑，认真进行挑选。或者你觉得可以尝试一下，不好的话再换，这是对孩子不负责任的行为。挑选好导师的目的，是为了让孩子能够在最初便进入正道。

说了这么多，好像我是在让父母做很高难度的事情，但这件事确实重要。事实上，家庭教师也有不少不负责，加上家长对导师的重要性也不理解，导师自身也不理解。他们对于培养孩子品行这种无法起到立竿见影效果的事情的热衷，远不如对孩子知识的培训，他们往往急于通过孩子成绩的提高来显示自己的价值。而父母往往也将这当成评价导师优劣的标准。如此一来，导师的作用便和学校里的教师没有什么两样了。

父母们只要想一下现状，便会认同我的观点，那些能教育好孩子的青年才俊、能于孩子身上培养英才精神的人的确难求。因此，如果父母不能用心挑选好的导师，就不能起到教育孩子的目的。

3. 导师应该礼仪周全

钻石十分贵重，但是其原料金刚石并不具有夺目的光彩，没有人会将它戴在身上。只有经过打磨和镶嵌，才会焕发钻石的华光。美德作为精神的宝藏，其光彩来自于礼仪。受到大众欢迎的人，一定是具备优雅气度的人。

下面再来探讨一下导师的素质。我们都希望导师为人严谨，同时具有学者风度，并认为这是让人满意的导师应该具备的。但如果导师只懂得将他学会的拉丁文和逻辑教给学生，学生也只会学习到这些知识的装饰，不足以塑造出优雅绅士。这样培养出来的孩子无法比导师更熟悉礼仪、懂得世事，从而具备潇洒豁达的风度。

想要培养一个合乎绅士标准的青年绅士，要求导师不仅有渊博的常识，同时具有优良的教养，能随时表现出其得体的举止和合度的礼仪。

　　裁缝可以缝制出时髦得体的衣服给孩子，舞蹈老师可以调教孩子优雅的仪态，这些表面功夫只能让孩子变得体面，而不一定能具备绅士的风度。就算同时他还有学问，那也是不足的；如果他不具有圆通世故的本领，而是不断地显摆学问，只会让人觉得他轻浮和鲁莽。真正有教养的人应知礼近情，能自然地流露出其内心的优良素质，从而令其得到更多的尊重及好感。而缺乏礼仪的话，所有成就及过人的能力都会被看作骄矜、愚蠢和浮夸。但这些无法通过书本习得，只能通过优秀的导师和良好的伙伴在生活中慢慢培养起来，其他方法则无法培养出绅士风度。

　　一个人如果缺乏教育，那么，勇气在他身上就是野蛮，学问令他显得迂腐，才辩令其滑稽，率真显得俗气，温和则显得谄媚。也就是说，没有合适的礼仪，一切美德都会走样，这是极为不利的，就算他的能力和才华为其赢得赞誉也不足以收获认可而让其广受欢迎。

　　钻石十分贵重，但是其原料金刚石并不具有夺目的光彩，没有人会将它戴在身上。只有经过打磨和镶嵌，才会焕发钻石的华光。美德作为精神的宝藏，其光彩来自于礼仪。受到大众欢迎的人，一定是具备优雅气度的人。因此，内在的基础只有搭配外在的优雅才足以表现卓越而让人喜悦。在更多时候，做事的态度之所以产生比事情本身更大的影响，别人对你表现出满意还是厌恶，都与这个态度有关。这不仅是说见到人时应脱帽问好，而是还要仔细斟酌别人的人品，依据当时的社交状况，表现出适时的言谈、举止、动作及神色，同时应具备从容不迫的神情。想要达到这样的效果，离不开长期的训练和应用，孩子是无法做到的。因此，不应过于苛求年龄小的孩子达到这个要求，但可以对他提前培养，在他还处于导师的管教下，尚未独立面对社会，就培养他的根底。这是由于细节上的礼仪应及早培养，一旦他走上社会形成了不良印象，再改就迟了。

　　一切优雅的举止来自于培训出来的圆熟，就像那些拥有高超技艺的音乐家，演奏过程中，其指端触及都成曲调。这种无须思索便达到的协调，来自于其技艺的娴熟，而交往的礼仪也是如此。如果一个人不具备熟练的礼仪技巧，和人接触时无法将本性直接表露出来，其心理尚需控制其行为，便会表现得不自然、不优雅，其不随意自如的动作，自然无法让人觉得舒服得体。

所有自然流露的细节，都离不开导师的亲身培养，一旦礼仪方面出现失误，往往是旁人先察觉，自己最后才会在别人的议论下发觉。人们喜欢背着失误者悄悄讨论失误者的行为，因此失误者自己无法获悉别人的议论从而改正行为。而这些不当的行为，即便是朋友间，也难以明说。毕竟"忠言逆耳"，而且其他的、不伤大雅的过错，朋友倒是可以提出来，不至伤了朋友间的和气，但是礼仪方面的过错关乎一个人的形象，朋友是无法提出来的。

就算是暗示对方的不礼貌行为，也会令提出者失礼。因为礼貌的本质体现在尊重别人和维护他人的形象上，因此，有关礼仪方面的失误，往往只有有权管束的人才能提出。但是对成年人来讲，有权管他的人也往往难以开口，因为说出来就会难听；而且，一些涉世未深的人往往不能体味批评的含义，就算别人再委婉，也会感到难堪。

由此可见，为人处世能力是离不开导师孜孜不倦的教导的。一定要在孩子离开导师独自面对社会前，便养成良好的行为举止及有礼的态度；一定要在他未来没时间修正以及没心情接受劝告和缺乏合适的人劝告他之前，建立他良好的礼仪。想要达到这个目的，首先要求导师拥有良好的礼仪。青年绅士由导师处获得了这样的素质，对其未来的得益无法估量，这些礼仪上的良好修养，会有效拓宽其未来的门路，从而拥有更多朋友，取得更大的成就，未来的事业将更加发达。

他在高等文学艺术及百科全书中获取的知识未必给到他帮助。尽管知识和才干也不可忽视，但和礼仪相比也是不值一提的，因此决不能将礼仪由教养之中排除掉。

4. 除了知识，导师还要懂得人情世故

如果孩子在青少年期便懂得人情世故，就等于其具备了重要条件。因此，导师应谨慎引导年轻人渡过这关，而不是像现在这样，令孩子离开导师教导后，任凭个人的经验来面对社会。这样是十分危险的，无数的例子证明，年轻人在脱离家教之后，容易变得骄奢淫逸，从而走上邪路。我认为这是由于教养过程中有过失，是忽略人情世故造成的。

除了教会孩子礼仪，导师还应该教孩子明白人情世故，让他懂得时代下人们的行为、性情中的不足，流行的欺诈和种种不良风气。一到孩子能明白这些事情的年龄，导师就应该告诉他这些真实的情况，从而让他们能洞悉世事、练达人情，戳破一切的虚伪面具，让学生了解真相，从而不会像毫不经事的年轻人一般，黑白不辨或以貌取人；同时只具备仪表修饰而缺乏优雅举止，在不到万不得已的情况下，都不懂得主动出击。

作为导师，要让学生懂得防备在平时交往过程中人们的图谋，不要轻信别人，但也不能多疑。人们常说，以小见大，一个人的真正面目常常会由小事暴露出来，而内心的想法常常由外表有所表现，这是容易被人觉出的，特别是缺乏掩饰及提防的情况下。因此，导师应教学生能从别人的蛛丝马迹中判断其他人的行为，从而明白人世的实情，不至于将好人当作坏人，也不至于误认坏人是好人；不把拥有智慧的人当成傻瓜，也不把傻瓜当成了有智慧的人。只有这样，孩子才能顺利地成长为识礼仪的智慧型青年。

如果孩子在青少年期便懂得人情世故，就等于具备了重要条件。因此，导师应谨慎引导年轻人渡过这关，而不是像现在这样，令孩子离开导师教导后，任凭个人的经验来面对社会。这是十分危险的，无数的例子证

明，年轻人在脱离家教之后，容易变得骄奢淫逸，从而走上邪路。我认为这是由于教养过程中有过失，是忽略人情世故造成的。

5. 帮助孩子走向社会

要预防孩子走上社会后的不适应，最好的办法就是对孩子说实话，在他置身社会之前，将社会的情况如实告诉他。

现在有不少孩子，在成长过程中不了解人世的真实情况，等到他们走进社会，才发觉社会的真实情况并不像导师说的那样，同时也和自己的想象完全不同。

他在社会上会接触新的朋友，这些朋友会告诉他，他以前所受到的训诫和管教，全都是对付小孩的；成人要拥有自身自由，同时人在进入社会后，要自在地享受以前那些禁止的东西。同时这些人会告诉那些涉世不深的年轻人看那些美好的景象，令其看见时代的各类标新立异的榜样；同时，置身在这样情景内，年轻人往往会受到迷惑，继而无法自持。

大家要注意一个问题：一个初进入社会的年轻人，为了证明自己已成年，通常会过上一段放荡不羁的生活。此时，他正处于叛逆期，急切地想证明自己已经脱离了父母的管制，已经具备操控自我的能力，完全顾不上以前的谦逊，以离经叛道作为其大丈夫的姿态，丢掉所有过去导师教导的品德和规则，将其当成面对社会的力量和勇气，从而造成悲剧的出现。

想要避免这种事情的发生，就要将实情告诉孩子，在孩子走入社会前，告诉他社会上的真实情形。一个成长着的年轻人，离不开师长的提醒，从而让他清楚社会的歪风邪气，清楚有些人喜欢毁灭年轻人的前程，要防止这样的人，就要有人告诉他们这些人的手段和陷阱，以及一些反面教材；让他们看到那些拥有良好前程的青年，由于无知误入歧途，从此堕落，以至于名誉扫地，贫穷潦倒，彻底被人看不起。从而让他们明白，如果不警觉，他们也会走到这一步，那个时候，那些引诱他们堕落的所谓朋友不仅不会帮助他，还会反过来嘲笑他。

孩子明白了这个道理一定会大为震惊，从而明白人世的险恶，以避免他们为此付出极大的代价。

这些人怂恿孩子挣脱家庭的"管制"，目的不过是希望控制他。他们的方式是，让孩子相信自己已经成年，具备自作主张和寻欢作乐的资本。但孩子并未完全成熟，对于做坏事的引诱无法分辨，因此，作为导师，有责任灌输这些知识给孩子从而让他明白和信服。

另外，还有一种说法，认为年轻人清楚了时代所流行的各种恶习，等于是将恶习教会了他。没错，这样的认识有一定的道理，同时也是因为如此，才尤其需要为孩子聘请谨慎的学者来充当其导师。要求导师清楚世态人情，同时清楚如何判断学生气质及性格中的弱点，继而因势利导。

同时，我还要提醒各位，在我们今天的社会中（过去的时代也是）想让年轻绅士完全不知道邪恶是何物，从而避免他们沾染邪恶，是极难做到的。除非将他们永远送进黑屋子里，不让他们和外界接触，否则他们在学校的时间越久越不清楚社会上的事情，从而糊涂地充当牺牲品而不自知。那些初涉社会的孩子拥有端庄纯洁的外表，就连城市的鸟儿也会注意他们，并在私下悄悄议论，而一些不怀好意的"恶禽"更是侍机扑向他们。

要预防孩子走上社会后的不适应，最好的办法就是对孩子说实话，在他置身社会之前，将社会的情况如实告诉他。只有懂得人情世故，才能对世界有效防备，因此青年绅士要尽早进入人情世故的戏内，而且要越早越好。这是由于他要进入舞台的阶段，离不开可靠、有本事的人的指导，从而令人生的幕布逐渐拉开，他渐渐入戏。他会在周围部分人的打击下，同时在另外一些人的爱护下，清楚哪些人欺骗了他，哪些人陷害于他，又有哪些人为他好。他应获得良好的指导，同时学会去分辨这些人，在怎样的情况下假装不清楚别人的图谋不轨。如果他清楚自身力量和能力，想要单独进行冒险的活动，就一定要遭受挫折，吃一些苦头。只要把握他的健康和名誉，适当的一些挫折会让他变得更加谨慎。

对年轻人的引导，离不开高度的智慧，这并非动一下脑筋或多读几本书便可以办到的。只有在世间经受挫折和磨难，阅人无数，才会获得这样的能力。因此我们应运用所有的机会将自身经验传授给年轻人，让他们获得足够的指引。只有这样，在他们将来投入社会中，才不会像那些迷失了航线，同时又弄丢航海图和指南针的航海家，在茫茫的大海之中，只能通过摸索来寻路。

获得指导的青年，他们清楚了暗礁、急流和浅滩的位置，同时又拥有优良的航海技术，即使会遭遇风浪，也绝非灭顶之灾。因此，身为父母应清楚为人处世的知识比文字和其他学科更加重要。导师的重要性，是不容质疑的。学会辨别人的善恶，择其善者而从之。获得为人处世的本领，比会讲希腊语和拉丁语或者有辩才都有用，也比那些物理学、文学及深奥理论要有用多了。

与其让一个绅士成为逍遥派和笛卡尔学派的学者，还不如令其掌握希腊和罗马作家的作品。这是由于古代作家有关人类的观察和描述极为成功，尤其是在对为人处世方面的贡献卓越。而读这些作品，又不如亲自学习人间的有用知识。亚洲东部的那些可亲的拥有能力的人物，他们尽管没有学习上面提到的知识，但他们拥有良好的德行，对于人情世故和礼仪十分知晓，和人相处极为融洽，才会让他们获得较高的成就。

6. 具备绅士的品德和要素

大部分的家长，往往着重于孩子学习拉丁文以及类似的知识，但这并非绅士必须学习的。绅士最重要的是具有成功人士具备的品德，而合乎他身份举止的表现为：在其自身从事的行业中有所建树，从而对国家和社会作出贡献。

现在欧洲学校中所推崇的学问，对绅士而言，多数都不重要，不学的话不会降低个人素养，也不会影响事业。但是得体的礼仪和良好的性格是所有有身份的人都不可缺少的。大多年轻人由于自律性不足，礼节不到和缺乏稳重而受到挫折。在他们走进社会后，由于不能通晓人情世故，加上见到社会与其想象不同，从而应付起来极为生疏。由此可见他们离不开良好的教导，可这方面的教导常受到忽视，认为这是老师职责中不重要的事情，从而疏忽了它。

大部分的家长，往往着重于孩子学习拉丁文以及类似的知识，但这并非绅士必须学习的。绅士最重要的是具有成功人士具备的品德，而合乎他身份举止的表现为：在其自身从事的行业中有所建树，从而对国家和社会作出贡献。

如果他遇到了为人处世的困难，需要导师帮助他节省时间及精力，就应帮他寻找洞查世事的清醒导师。这个导师无须什么事情都清楚，也没有必要精通那些绅士只需要懂得皮毛的种种学问。如果绅士想在哪门学问中精益求精，以其努力来夺得成功或是学到高深的学问，或是在其从事的领域内享有盛名，仅依靠导师启蒙是不足的，还得依靠自身智慧的启迪。

导师的任务是对学生气质的塑造，令学生养成好的习惯，从而具备高尚品德，做事机敏。一步步地将人间的真实情况展示给学生，令其将模仿优秀榜样当成值得赞美的行为。在学生表现优秀时，鼓励他继续努力，而导师则督促学生将更多精力放在正当的事情中，不断锻炼他的做事能力，让他习惯于吃苦和努力完成各种事情，明白努力带来的好处，从而不再游手好闲。

即使是开明的家长，也不会愿意让子女成为批评家、演说家或是逻辑学家，更加不希望他去钻研玄学、数学或是自然哲学，从而成为历史学或断代史学大师。虽然说这些学问也能提升人的品位，但其目的应该只在于为学生开启门径，让他知道一些这种知识，而不是对此深研。如果学生因为学研这些知识变成了书呆子，是会受到责备的。而良好的礼仪、人情世故的知识、优良的德性，以及做事时表现出的尽心尽力的品质和对荣誉的珍惜，则要大力地培养，让一个年轻人具备了这些品质，就一定会让他获得梦想的成就。

由于学生时间与精力极为有限，因此，身为父母，应该将其精力集中在所有有用的知识上，以便其未来在社会上生活时，他最需要及能用得上的东西，正是其青年时代所追求的。

辛尼加曾经批判他所处的时代教育存在"倒行逆施"的问题。事实上，他的时代比现在好得多，起码还没有像 Burgersdusiuse 和 Scheibler 这样的作家。如果辛尼加来到我们这个时代，见到教师把这些作家的知识传播给学生，他一定会更加气愤，质疑这些"不教生活，只教学问"的教育方式。

在如今现代社会的模式下，学习并非为了满足生活，而是以辩论为主，从而让我们的教育停留在学校层面，无法运用到社会之中，这是多么可悲的事情！最初引导这股风向的人，让自己的臆想来引导风尚，而不是适应学生的需求，反其道行之的后果便是：形成了风气并使其盛行。这样，让那些推行风气的人获得了极大的收益，他们就会因利益使然而抱成一团，将背叛风气的人当成异端邪说。这实在太可怕了！

最让人无法理解的是，连一些拥有地位及才能的人，也饱受这风气的滋扰，从而误入歧途。如果他们肯理智一点去分析，就会明白应该让子女花更多时间学习对成长有用的东西，而不能往大脑填满那些以后都没有必要学习的东西。那些花钱让孩子学这些无用知识的父母设想一下，如果孩子在进入社会后，身上还是布满了"教育"的痕迹，浑身上下散发出"书呆子气"，那是有失体面的。在人们最需要表现才干及教育时，所痛惜缺乏的东西，才值得人追求，而这正是教育的重点所在。

此外，还有一个理由，证明精通礼仪及人情世故是导师应该所具备的品质，那就是一些富于社会经验的老年人，即使他不曾学习哪一门知识，但他同样可以引导学生深入学习，只要有一本参考书籍，就足以让他去指导学生。但要是导师自身不懂人情世故，不清楚礼仪，对这一切都毫无所知，又怎么能教导学生彬彬有礼呢？

一个导师要具备随时与人交往应用的知识，同时应参照上流社会的现状，令自身具备适应和容纳它的气质。导师应让这种知识融入到自身之中，这是由于它无法如学科的参考书一般，借给学生阅读，就算是找到了包含同样论文的书籍，解释了所有英国绅士的行为，一旦他自身不具备良好素养，其不恰当的榜样也会摧毁学生由书本中获得的所有教训。一个在粗野、缺乏良好教育的人群内成长的人，无法成为上流社会的精英，这是由于缺少适合的环境，同时缺乏了相关的教育。

　　只有具备了这些素质，才可以称得上是优秀的导师。这样的导师并非随处可见，也无法用普通的薪水聘请，但如能找到这种理想的导师，花费再高也是值得的。因为你所付出的金钱即使再多，也是有限，但获得的回报则是无法估量的。因此，具备这种能力的家庭，不要惧怕四处寻访的艰辛，也不要吝惜金钱的付出。而那些没有经济实力支付高薪的父母，也不要丧气，只要在为子女挑选导师时，注重导师的涵养就行；同时，亲自教育孩子的父母，也要时刻留意自身的修养，在对子女的教育过程中，不要认为教了他们拉丁语、法语、逻辑学和哲学就够了。

第七章　与孩子交心做朋友

　　前面我已经讲过，父母的"正颜厉色"是教育孩子的关键，让孩子自幼便拥有敬畏之心。但这个方式也不可一成不变，而是应该遵守适度的严格和适度的松弛，在孩子懂事之后，开始明白父母的苦心。同时，他表现得十分良好，便可以对他放松一点。在孩子年龄渐增，能和父母平等交谈时，父母就应该和他们亲切交谈，甚至可以在一些孩子了解的范围中，适当征求孩子的意见。

　　这样做的好处体现在：可以锻炼孩子独立思考的能力，这比规劝要好得多。你越早把孩子当成成人，他就能越早蜕变成有思想的成年人。此时如能合理运用这个机会，和孩子认真交谈，令其不再和一般的小孩玩乐，将精力耗费于幼稚的事情中，从而不断提升他的心理，会让孩子成长得更快。这是由于父母不再当其是孩子般居高临下，从而让他们告别说话吞吞吐吐、做事没有自信的小孩子那样。

　　你要记住这点，你越早把孩子当成成人，他就能越早蜕变成有思想的成年人。

1. 唠叨有损父母在孩子心中形象

　　身为父母，要明白唠叨无法对孩子起到教育的作用，这不过是在给家长的辛勤找平衡罢了。

父母总是对孩子抱有极高的期望，正所谓"望子成龙，望女成凤"。可是，孩子毕竟不可能都是人中龙凤。于是，这些失望的父母便开始不停地说教，反反复复，不停地絮叨；而且总是在批评和指责，有时还夹杂着报怨和挖苦，孩子们自然觉得反感和讨厌。有时候絮叨起来毫无主题，见什么说什么，想什么说什么，让孩子反感极了，而且丝毫不能起到教育的作用。

正确的做法是，寻找合适的机会，亲切认真地指给孩子看，明确指出做得不足之处；同时，指导他做好，比如完成功课后收拾好桌子，早上起床后叠整齐被子，作这些细致明确的要求，同时征得孩子的同意。孩子通常在开头几天做得到，过了几天就会再犯错。此时不能指责和责罚孩子，而是用宽容和信任的态度提醒他："今天是不是忘了叠被子呢？赶紧去收拾吧！"等孩子想起这件事来，不管他是惭愧还是不以为然，赶紧补充一句："你那天自己答应的，相信下次不会再忘了。"这样做几次后，孩子就会养成良好的习惯。

身为父母，要明白唠叨无法对孩子起到教育的作用，这不过是在给家长的辛勤找平衡罢了。一些母亲在家里总是絮絮叨叨，由于在家里辛苦到晚而抱怨，却由于她的絮叨，无法在丈夫和孩子面前建立威信。特别是孩子长大之后，更是厌烦母亲的絮叨，这是多数母亲的悲哀和失败之处。

2. 要赢得孩子的友谊

父母想要孩子对自己敞开心扉，就必须先对其开诚布公。

以平等的态度对孩子，还将收获孩子的友谊。一些父母尽管也考虑到了孩子年龄，同时，给予他们自由和权利，但是，不会将家中的财产及心思告诉孩子，好像那是国家机密一样。尽管这样的态度并非猜忌，但绝非父母应对子女的态度，会造成两代人之间缺乏信任。有些父母十分爱护子女，但是却执拗地坚持个人威严，一副不让子女靠近的姿态，好像自己无法从子女身上获得安慰一样。我对此十分不解。

让父母和孩子间建立有利于彼此善意友谊的最佳方式，在于彼此信任地闲话家常，倾诉心事，如果缺少了这样的交流，所有的爱护都会产生嫌隙和猜疑。在孩子见到父母敞开胸襟后，会因为父母让他参与家中的事务而对父母加大关心，就像关心自己的事那样。

父母不将子女当作局外人，子女就会等待他为家贡献的时机，增加对父母的爱。而父母也会看到子女不仅享受了家产，也为维持家产做着努力。子女了解到钱财来之不易，会更加体恤父母所付出的努力，同时会为父母付出的一切感觉到幸福，将父母当作可以信赖的朋友，从而依赖父母，需要时从父母身上获得良好的建议。如果他还不能感受欣喜，这种缺乏感情和没有头脑的人世间少有。

如果做父母的对孩子太冷淡和疏远，不了解子女，并且不给予合适的建议，会令子女失去应有的保护——父母对子女的保护比教训和责骂都有效。如果儿子在外面寻欢作乐，却牢牢隐瞒，不让父母知道，远不如父母知道这些事情，同时给予适度的宽容，并阻止发生更大的过失；适当告诉孩子这样会产生的后果，从而避免孩子由于一点小烦恼而造成放纵。父母想要孩子对自己敞开心扉，就必须先对其开诚布公。

3. 耐心倾听孩子的诉说，取得他的信任

想要取得孩子的信任，父母一定要用信任的态度对待孩子。

不少父母尽管和孩子朝夕相处，但却并不知道孩子的想法。不了解子女的精神世界，就无法引导其变成父母期望的那样。因此，父母要加大和孩子间的沟通，培养孩子健康的兴趣，比方下棋、音乐、球赛和游泳，平

时空闲和孩子多沟通以培养亲情，享受亲人间的快乐。这是获得孩子信任的有效方法，只有建立了信任，孩子才将对父母吐露心声，这是人之常情。我们自身也是如此，只有在亲近人的面前，才肯开诚布公地畅谈。

想要取得孩子的信任，父母一定要用信任的态度对待孩子。平时在和孩子相处时，就要保持一种轻松愉快的氛围，可以通过打闹和开玩笑的方式令家庭内的幽默感和亲切感更强。同时，在和孩子沟通时，要用信任和亲切的目光注视孩子，教孩子同样注视父母讲话，充分发挥眼神对视的交流作用。

在父母和子女沟通时，要仔细倾听孩子的诉说，表现出极大的兴趣来聆听孩子的感受，并对他的情绪变化表现出关怀和体恤，只有这样才能深切了解孩子。但孩子毕竟还小，他的问题和疑惑，难免显得幼稚和单纯。此时父母万不可轻视或取笑，应认真听孩子诉说，并和孩子共同讨论，诱导孩子对事态的发展进行合理分析，同时鼓励孩子面对并战胜困难。

父母在倾听孩子诉说时，要保持朋友式的平等态度，同时也要多一些家长的慈爱态度。进而让孩子体会到父母的关心、温暖和爱护，进一步加强对父母的亲近和尊重。只有这样，才能诱使孩子说出内心的困惑和想法，从而有助于父母实施有针对性的指导及帮助。

在孩子请教父母时，不管请教的是什么事情，只要这件事不会造成致命的可怕后果，父母都不妨以有经验的朋友身份自居，进而发表看法，绝不能在意见内加进命令或父权成分。同时，对孩子说话的态度也应该和平时对待成人的态度一样，否则，孩子将来就不会再向父母请教，也不会指望从父母处获得意见。

父母祈盼的是，尽管年轻人的天性充满对自由的向往，有时候也可以对他们放纵一点，但是要以孩子的聪明才智以及父母的照料下不会造成严重危害。想达到这个目的，就要如我上面所说，在孩子拥有理解能力时，你和他谈事情时，一定要用亲切的态度提出来，同时征得孩子的意见；如果孩子提的正确，就照他提的去做，而且在获得成功后，应将荣誉归给孩子。这样做不仅不会有损父母威信，还会令孩子更加敬重父母。在孩子可以托付之前，父母应掌握家权于手，在孩子心中增加父母的威信，令其更信任父母。只有在孩子不是由于害怕失去继承权而服从父母，将父母当成不可得罪的好朋友，才等于在孩子心中真正建立了威信。

4. 交谈同样适用于师生之间

特别是在谈及道德和礼仪时，不妨只说事例，交给孩子来评判对错。

亲切的交谈，适合父子间的沟通，更适合师生间沟通。导师在和学生相处时，不可以把所有时间都用来训话，学生也不能任由导师摆布。学生有权发表个人意见，导师教导学生做的事情，学生也要通过自己的理智权衡。只有这样，才会让学生更容易接受导师的教导。

孩子见到自己有了更多知识，有资格对一些事进行评论，在众人谈论时可以加入其中，同时其谈论能得到大家的赞同和回应，就会更加建立其自信，继而更加重视知识。特别是在谈及道德和礼仪时，不妨只说事例，交给孩子来评判对错。

这个办法能有效启发儿童悟性，可比念格言和讲条款都有效多了。再好的格言，也比不上实际的例子。儿童通过道德规则进行判断，就能有效记住规则，同时自然地在生活中执行。通过这个方法获得道理再和生活中的证据加以结合，就能深深地根植在孩子的脑海。抽象话语所讲述的道理，则只是描述了事情的本身，无法形成明确的影像，从而会被遗忘。

但如果孩子本身对事情有自己的看法，还参与过和导师的探讨，就会加深他对礼仪和正义的理解，从而令其对于被教导的事情的印象更加深刻，对于导师所教导的事情也会拥有更加久远的印象。这个效果是漫不经心或昏头昏脑听教所无法达到的效果；至于那种遇事就通过逻辑剖析来讲解和大段的辩解，是更加行不通的。

这两种做法，或将精力用在肤浅的空谈中，或教人耍嘴争斗，均会极大破坏人的判断力，从而令人无法遵照逻辑来断理。所有对自己和别人的心智存有责任心的人，都应避免和小心这样的情况发生。

5. 让孩子知道你是他的依靠

在孩子表现优良时，父母自然而生的赞美，也会让孩子感受到父母的关注和爱护，便会产生反哺之情，这是源自子女对父母的真诚敬仰。

作为家长，首先要让孩子明白，他必须依靠父母并在父母的监护下成长，要树立父母的威信。但如果孩子表现出"冥顽不灵"，不顾父母的禁止，非要有不良的行为，就要严厉起来，让其对父母产生畏惧。

同时，子女应拥有不同年龄段的自由并去享受那些稚气的动作和活跃的个性，也是幼时的必经的过程，和吃饭、睡觉一样有助身心发展。要让孩子在父母面前毫无约束，把他当成小小的伴侣，对他表现出宽容和疼爱。特别要在他做好一件事时，发自内心地爱抚和表达亲近之情——这种感情应自然流露出来。在孩子表现优良时，父母自然而生的赞美，也会让孩子感受到父母的关注和爱护，便会产生反哺之情，这是源自子女对父母的真诚敬仰。

6. 尽早发现孩子的缺点

如果父母在孩子幼年时便树立了威信。在发现孩子出现坏习惯苗头时，应温和地制止，令其觉得耻辱同时改正不良行为。这一切有赖父母及时发现孩子的天性，同时在孩子天性尚且自然随意时，尚不懂得掩盖个人缺点时，便找出孩子的缺点。

在孩子产生敬仰之心后，父母便可以细心观察孩子的缺点，比如冥顽不灵、撒谎和一些不良的行为，在最初就要坚决消灭，毫不手软。就算孩子还很小，教育起来还很麻烦，也要像消灭邪恶种子一样，不让它生根发芽；如果看见其发芽了，也要马上拔除。只有在孩子启蒙时便用父母的言行树立出威信，并以此控制孩子的心理，才能形成约束孩子的法则，从而让其对该法则深信不疑。如此一来，孩子对父母的敬仰就会成为不能改变的法则，从而成为第二天性，服从于父母的管教。

做到了这点，如果父母在孩子幼年时便树立了威信。在发现孩子出现坏习惯苗头时，应温和地制止，令其觉得耻辱同时改正不良行为。这一切有赖父母及时发现孩子的天性，同时在孩子天性尚且自然随意时，尚不懂得掩盖个人缺点时，便找出孩子的缺点。

人类的天性是不会改变的，有些人强悍，而有一些人则懦弱，有些人自信，而有些人自卑；此外谦虚、温和、顽强、敏感、粗心、敏捷、迟钝等都属于人的天性。天性是人类心理构造的不同，也是人类性格差异的原因所在，就像人的面容和体态也各不相同一样——不同点只表现在随着年龄的增长，人类在面容体态上的差异越发增强。而年龄越小，则心理特征越明显，这是由于儿童尚未学会掩饰缺点。

应及早观察儿童的气质，特别是在孩子毫无拘束地玩，并认为自己没有在父母的视线内时，观察子女在心理和感情上的倾向，是强悍型还是温柔型、外向还是羞涩、仁慈还是残忍，并依据孩子的特征，选择正确的方式来建立威信。尽管人类的天性无法通过规则以及后天的方式来扭转，尤其是由于恐惧或颓废的经历下出现的自卑苗头，一定要通过加倍的耐性及合适的技巧来改变，令其变得积极向上。但同时父母也要清楚，就算用尽了所有办法，也无法改变孩子心理的倾向而远离他自然而生的天性。如果父母能在孩子问世之初，观察孩子的心理特点，那么即使孩子长大成人后情况复杂了，孩子懂得伪装，父母也能明白孩子的心思，进而判断孩子的目的，正所谓"知子莫若父"。

7. 帮助孩子战胜放任的欲望

我可要再次提醒父母：不管孩子的表现怎样，最值得父母，而且是唯一值得父母思索的问题就是，这件事对孩子的心理会产生怎样的影响，将会让孩子养成何种习惯，是否会影响他们未来的生活。只要父母有适当的鼓励，就会引导他们未来的正确成长。

前面我们已经谈过，儿童有着崇尚自由的天性，因此应鼓励他们天性的爱好，避免束缚。但除了自由，还有一样东西孩子也喜爱，那便是控制。控制欲属于邪恶之源，因此，拥有强烈控制欲的人，往往对权力和控制的心理十分强烈，会在以下的事件中表现出来。

第一件，就是孩子一出世便懂得用哭的方式来使性子，尔后更是学会了发脾气耍赖皮，恨不得身边人全听自己的话，按自己的旨意来办，尤其会控制那些年幼过自己的人。在他们懂得区分地位后，就开始懂得控制人了，只要控制欲是在合理范围，就不用担心。

第二件，我要说的是，孩子们的控制欲还体现在他占有喜爱的东西的想法，他喜欢在占有中体味个人权力，以及随意处置物品的快乐。

这两种性格都是与生俱来的，在孩子幼小时就会有所体现，要是看不出来，只能说他不了解儿童的行为。

对权力的渴望和占有欲造成了人类生活的不公及争端，因此要将其扼杀在摇篮之中，培养与之相反的习惯，继而奠定孩子善良和值得尊重的人格。

儿童迫切得到的东西，父母不应该满足。尤其孩子哭喊着要的东西，更加不能满足；就算他只是稍提到，也不一定要照办。或许你觉得我的说法过于严厉，我对此的解释是对于儿童真正需要的东西，父母也应温和倾听并给予。但是他说饿了和想吃烤肉是不同的，如果孩子想要的东西是自

106

然需求，父母有责任满足他们，但是给予的东西及程度，应该由父母来决定，而不是由孩子的性子来。如果他饿了提出要吃烤肉或是汉堡包，对于这种指定的需求，父母才应该满足。

父母应懂得区分孩子是自然的还是嗜好的需求，满足他们的必需品而杜绝额外品。荷莱士对此有美妙的阐述：

Queis humana sibi doleat natutra negatis.

有些东西，得不到就会使人痛苦。

如果是出于自然的需要，是无法抗拒的。比如说生病、伤害、饥饿、干渴、寒冷、失眠，由于辛苦造成的劳累，或是缺少休息造成的局部劳累，父母应帮他们消除身体的苦痛，这是自然而生的。如果不处理就会朝着严重的方向发展，不能让身体在极限之下仍然勉强。但只要合理处理，拥有强壮体魄的孩子往往能承受身体受到损伤，因为父母往往只会表现得过于温和。

不管自然的需求有多少充足理由去满足，也不能让他们获得嗜好所需，从而让孩子明白不要去提过分的要求，父母是不会满足他的。比如孩子需要添新衣服，父母理应为他添置，但是他不能对衣服的面料和样式过于挑剔。我的意思并不是让父母在大小事上都不满足孩子。相反，如果孩子有良好表现，而且适度的奖励不会扭曲他的品性，也应该让孩子生活在舒适的环境中。但同时也要留意，不能让孩子纵情于享受，不能让他对嗜好的满足产生情绪，这样他就不会分心去留意自然安排的事物。

父母对孩子总是体贴关心，生怕孩子遭受任何罪。他们往往认为忍饥挨饿的方式过于残酷，但这是唯一令孩子能适应严酷环境并坦然处世的方法。

我对教育的态度一贯都是破除鞭笞，但是没有了暴力，又如何限制孩子的欲望呢？那就是，让他明白并非一切想法都能满足，这将帮助他们养成良好的习性而避免以自我为中心，同时也建立了对父母的尊重；此外还能让孩子学会克制和忍耐。欲望只能吞进肚子里而不能讲出来，因为一旦讲出来他就会觉得是理应满足的，从而让他学会提任何要求前都认真思考要求是否合理，说出来会得到满足吗？这种先思考再说的方式也将有益于孩子未来对重大事项的处理。

我还要再次提醒父母：不管孩子的表现怎样，最值得父母而且是唯一值得父母思索的问题就是，这件事对孩子心理会产生怎样的影响，将会让孩子养成何种习惯，是否会影响他们未来的生活。只要父母适当地鼓励，就会引导他们未来的正确成长。

父母为孩子做的一切，都是为了让他们能克制嗜欲，养成吃苦耐劳的精神，从而拥有饱满的精神和强健的体魄，只有这样，他才会在任何环境下都泰然处之，这是为了孩子好。如果他越恳求得到越无法获得，他就会懂得忍受失落并学到谦逊和顺从的品德。这和用物资引诱截然不同，其目的在于让孩子明白，培养服从性格是出于爱护他的目的。特别要留意，这样的奖励是源于他的良好表现，不存在任何交换条件。

同时也要留意，不能让孩子在其他途径得到你不允许他拥有的东西，否则就会失去你的苦心，同时还会让孩子对你产生怨恨。因此，父母要特别留意，祖父母及叔伯阿姨们的行为，保持和他们一致。

有关的这些训练一定要尽早开展，一旦孩子习惯对欲望的控制，不再提出非分要求，良好习惯便会令其避免放纵，待他长大学会斟酌处世后，就会具备处世的理智，从而拥有更多合理的自由，让他明白，经他思考提出的合理要求能得到满足。但是不能满足他明确提出的要某件东西的要求，除非这是由父母提出的。但如果孩子想了解件事，或向你打探消息，你应仔细倾听问题并有恰当的回答。一定要控制儿童的物质嗜欲。值得注意的是，万不可抹杀孩子的好奇心，这点一定要避免发生。

8. 淘气是孩子的年龄段特有的

绝对不可以压制孩子的淘气，这是他们幼年时特有的天真，而并非不听话。待到孩子不再淘气，就表示已经长大成人了。

淘气是所有孩子的天性，父母完全不必因此烦恼。有不少父母整天教导孩子"要听话"，却不知道要求孩子听父母的话，并非绝对正确，它会对孩子的身心健康造成不良影响，甚至影响孩子的成长。

有人认为：孩子在幼儿时，天真无知，判断能力和自律力都未形成，如果纵容他们，长大会胡作非为！我认为在教育方面，不应强调"听话"，也不提倡"不听话"。正确的教育方式是家长遇事能向孩子明确正确的做法及其原因，而不能以"听话"或"不听话"来压抑孩子的成长，更不能用"不听话就揍你"的粗暴方式来教导孩子。

有人专门针对儿童做过一个实验，并证实 7～15 岁的孩子，是社会判断以及价值观形成的关键时期，同时想象力也十分丰富，他们会闯祸，也会提出千奇百怪的问题。这正是成长的过程，父母要给予足够的耐性，并陪着他们观察生活，去寻找答案，认真解答并和他们共同探讨，引导孩子习得知识。

事实上，大家眼里"听话"的孩子，也并非是健康的，他们往往迫于外界压力而压抑自身天性，为做"好孩子"而不再提问题。久而久之，他们便会对一切不懂的事情缺乏了解的冲动，这是十分不健康的。有一项调查可以证实这个问题。调查显示，在"听话"的孩子中，有 39% 自卑胆小，另外 27% 的孩子无意于发明创造。这主要是由于这些"好孩子"往往在周围人"听话"的赞许之下，不停地隐藏自己爱动的天性，从而无法暴露其真实想法，以至于父母师长也无法采取有针对性的指导，进而造成他们内向和刻板；往往对于是否听话过于在意，不懂得从大局出发，而且在思维和行动上都有欠缺，视野也不开阔。这些问题会随着他们年龄的增长而严重，以至于到了高中时，成绩一落千丈；同时在面对问题时会显得不知所措，以致裹足不前。

曾有法国作家说："淘气的男孩好，淘气的女孩巧。"我想用他的话激励天下父母："绝对不可以压制孩子的淘气，这是他们幼年时特有的天真，而并非不听话。待到孩子不再淘气，就表示已经长大成人了。"

9. 给予孩子消遣的自由

当家长要求孩子去完成指定任务时，首先应当让他们从内心深处觉得欢快和愉悦。在孩子对某个任务还没觉得厌倦前，再让他们尝试去做其他的事，能令孩子身心愉悦，对周围一切产生浓厚兴趣。

孩子的成长是一个漫长而复杂的过程，在这个过程中，除了给身体提供充足营养的食物外，让孩子获得精神上的娱乐也同样重要。也许孩子在娱乐时表现得非常任性，但只要行为举止上并不太过分，便不必对他们进行太过严厉的管束。

倘若孩子想通过不同的方式娱乐，家长应给予相应的宽容，只要疏导的方法得当，就不会让孩子生出过分抗拒的心态。

当家长要求孩子去完成指定任务时，首先应当让他们从内心深处觉得欢快和愉悦。在孩子对某个任务还没觉得厌倦前，再让他们尝试去做其他的事，能令孩子身心愉悦，对周围一切产生浓厚兴趣。倘若还用以上办法，仍然无法让孩子觉得开心满足，那就让他们去做可以让他们开心的事，比如做他们自己喜欢的游戏，直到他们精疲力竭为止；倘若孩子在进行学习，则应宽松有度，不应过分苛责，这样才不会让孩子产生厌倦心理。如此一来，孩子才会对学习一直充满兴趣，心里会惦记着这件事，并且乐于再次进行，就像那些让他做觉得高兴愉快的游戏一样。家长希望孩子从事学习方面的活动，应当先让他们从内心深处感到喜悦，从各种不同的活动中获得不同的感受。倘若孩子表现出厌倦，就允许孩子停下来，去从事别的活动，以使孩子无论身体还是心灵都能得到有益的发展，让孩子生活在快乐与充实之中。

唯有如此，孩子才算得上是健康成长。采用将游戏和娱乐融为一体的模式，并非每个教育者都能做到。我无法保证每一个父母和导师都愿意在这件事上花费心力、引导孩子健康成长，但我相信，只要引导者以信任、尊重的态度来与孩子进行沟通，大部分孩子都是乐于接受的。只有儿童生活内容愈加丰富，引导者才能更加深入地了解他们内心深处真实的想法。这样，再对孩子进行正确的指引，孩子才会发自内心喜爱自己的指引者，并且下意识顺从他们的意愿，敬慕他们的品行。

令儿童充分享受游戏的愉悦，可以让孩子完全松懈自己的心防，让引导者能比较清晰地把握孩子的性格特点，了解孩子的兴趣爱好及能力所在，开明的父母能根据孩子的表现为孩子安排未来的道路，还能从这些活动中及时发现孩子性格上的缺陷，及时予以矫正。

10. 尽早培养孩子的忍耐与慷慨

孩子从很小的时候起，就应予以正确的引导，鼓励孩子把自己的物品分给他人，从分享中感受快乐，还可以得到别人的赞赏。

通过观察得知，儿童们在游戏时总喜欢争斗，并且乐于听从自己的意愿，强迫他人，这是所有儿童的共同点。教育者在处理类似事件时，应遵循以下原则：对争端的发起者采取措施，严厉制裁。不仅如此，还要让他懂得如何平等、礼貌对待他人，让孩子明白一个真正优秀的人应当学会与旁人和睦相处，这样他才能同样得到他人的爱护，并且他自己不会失去任何东西。这样不仅可以减少孩子们的争端，同时对孩子的成长大有裨益。当孩子长大以后，早年受过的教育会随时提醒他们，单方面听从自己的意愿而去强行控制他人是十分不明智的。

由于孩子年纪太小，情绪容易失控，所以一旦互相间出现矛盾，就会互相攻击，胡乱告状。作为一个理智的引导者，对此不应予以理会。当儿童感觉痛苦和挫折，就会变得脆弱。教育者应当让孩子意识到，遭遇挫折时首要方式不是告状，而是忍耐。教育者一方面不能助长儿童的报复心理，另一方面也不可纵容"欺负人一方"的强横无理。倘若争端发生时，引导者不在场，而是事后从儿童的转述得知，那就应该将犯错误的一方单独叫出来，严加斥责，并让其向另一方道歉；同时要隐藏自己，不让儿童们知道是教育者在其中起了作用。如此一来，无论是受打击方，还是实施打击方，都不会有太大压力。儿童的年龄本来比较贴近，相互间并无深仇大恨，教育者只适当引导，而不强行干预，反而会让孩子间的关系得到和缓，相处更加融洽。

孩子从很小的时候起，就应予以正确的引导，鼓励孩子把自己的物品分给他人，从分享中感受快乐，还可以得到别人的赞赏。只要让孩子反复感受，孩子在言行举止上就会越来越大方。这样比对孩子大声斥责，严厉管束，再强行灌输一堆条条款款，让孩子烦不胜烦的效果好很多。这样教导出来的孩子，不但懂得谦恭礼让，更明白怎样才能与他人和睦相处。

人类的本性都有自私。渴望拥有超过实际需要的更多的资源，是促使人类犯罪的根由，应尽早消除。而与此相对应的品质——宽厚大方、乐于助人，则应在孩子年幼时便细心培养。教育者应多多鼓励孩子，而不是一味选择批评，尤其在孩子诚心帮助他人时更应及时予以赞扬。为了培养儿童良好的品德，教育者应当在孩子中进行反复宣扬，大加鼓励，让孩子们养成慷慨助人的习惯，有自然而然与他人分享物品的心态，并且觉得对他人和善有礼，自己也能从中得到愉悦的感受。

11. 培养孩子的公平公正意识

家长们应该培养孩子慷慨大方的品质，学会把最好的东西给予他人，只有如此，才能让孩子变得更加慷慨、平易近人。

在培养孩子乐善好施品质的同时，更应让孩子懂得什么是公平与公正。当孩子有违反公正准则的举止时，应立即予以纠正，扼制他们心中不良意识。

越是年纪幼小的孩子，其行为举止便更多受到情感的驱使，而不是听命于理智，因而孩子的行为举止往往随自己的喜好，离社会是非判断的标准相去甚远。故此，在孩子小的时候，就应当培养他有关公正的意识，建立是非评判体系，无论大事小事，一视同仁，让儿童认识到在他以后的生活中遵循公平与公正的准则去对待他人、处理事情，是十分重要的。唯有如此，儿童才会渐渐懂得人与人之间应当如何相处，避免让孩子养成不好的习惯。因为就算是很小的细节，长此以往，也会对孩子的人生造成不好的影响。所以，在孩子第一次表露出邪恶的想法时，引导者便应作出强烈反应，消除孩子心中的恶念。儿童年幼时，还不太明白财富的含义，更不清楚有些人的财产是如何积累起来的，更不懂什么是投机钻营。这个时候孩子脑海里的观念还是很模糊，教育者应该对他进行引导，让孩子懂得有些东西只属于孩子，为他个人独有，比物质更加重要。

家长们应该培养孩子慷慨大方的品质，学会把最好的东西给予他人。只有如此，才能让孩子变得更加慷慨、平易近人。

另外，家长们还应让孩子明白什么是别人的所有权。在孩子年幼时就该让他明白，别人的东西是不应当乱动的。如果孩子做了什么违背公正原则的事，并且不是因为脑海里有什么错误的观念，而仅仅出于他自己的好胜心理，那么教育者应当对孩子进行责备，指导儿童进行改正。如果这样依然不能制止孩子，那么教育者应当采取更加强硬的措施，把孩子觉得已经属于他的东西全部夺走，让孩子深深体会到失去的痛苦，并且懂得违反公正原则把别人的东西据为己有，对他没有任何益处；世界上到处都有比他强悍，可以制裁他的人。

但教育者也应该意识到，对孩子进行严厉的批评和管束，只是短时间内可以取得一定的作用；倘若要想让孩子一直保持良好的习惯，仍然着重于让孩子对贪婪的行为产生厌恶的情绪，这比任何进行利益权衡后采取的措施都更有效。让孩子养成安守本分的习惯，这种习性会比任何说教都更有用。因为人的天性都是讨厌说教的，而更倾向于听从自己习性的驱使。

第八章　对孩子德育的培养

由于年纪尚小，儿童们的言行举止大部分只听命于自己一时的喜怒哀乐。

孩子们时常会因为一些事而开怀大笑，也会因为一些事而痛哭不止。如果孩子们表现出恐惧，是因为他们内心深处的需求得不到满足，鼓励孩子战胜脆弱唯一的方法就是让他们习惯这种脆弱。

也许有的家长会觉得，如此对待一个年幼的孩子太不公平，但引导者们应当意识到，只有这样硬下心肠去对待孩子，才能让孩子变得坚强。倘若家长一看到孩子吃苦就上前主动帮忙，反而会让孩子变得越发懦弱。所以，家长们应当抓住适当的时机，对孩子进行有益的训练。当然，这种训练最好在孩子开心的时候进行，让孩子懂得教育者所做的一切都是出于良好的意愿。

如果教育者能妥善处理好，那么孩子所吃的每一点苦，都是有价值的。

1. 了解孩子哭泣的种类

若孩子仍然一遇到挫折就大哭不止，说明他仍然执着于自己的欲望，痛哭只会让他更加任性。如果家长因为忍受不了孩子的任性而在这个时候选择去满足他，等于是在默许孩子可以随时放纵自己的欲望。

114

如果孩子表现出委屈、不甘，并大声痛哭，一般出于以下两方面缘由：一种是倔强示威，为了表示自己强烈不满，想得到某种东西；另一种是任性胡闹，有可能是生理上的不适，例如饥饿疲劳引起，也有可能是受到不公平的待遇。

在婴儿期，孩子还不会说话，之所以痛哭，大部分是为了引起旁人的注意，给他们喂水喂食。当孩子们年龄越大，用以表达自己情绪的方式也会越来越多，倘若依旧和从前一样喜欢哭泣，那就只能表明其任性。对于孩子这种任性的行为，教育者一定要予以纠正和严厉禁止。孩子的任性胡闹会对成年人的心绪造成干扰，使得他们无法正常从事自己喜欢的工作，也不利于孩子健康成长。因此，合格的教育者应当采用恰当的方式让儿童明白，任性哭闹并不能给他们带来任何益处。

上文简单分析了孩子们任性爱哭的原因，接下来具体探讨如何就这些原因对儿童进行引导，让他们变得更加坚强。

第一种，孩子因为任性或者愤怒而哭泣。

在这种情况下，如果儿童啼哭不止，目的在于取得最后的胜利。儿童是用痛哭的方式来表达他们心中的不满，倘若他的愿望无法引起重视，得到满足，他就会继续哭泣，这是孩子表达需求的一种方式。当孩子对某种事物产生强烈的占有欲，却没有人去满足他，就会让孩子觉得自己受到了不公正的待遇，他就会不停哭泣，表达自己的不满。

对于孩子的这种行为，家长不能娇纵，必须及时制止。倘若家长容忍这种无理取闹，为了讨孩子欢心，或者为了让他停止哭闹，便满足他们无理的要求，则说明家长对他们屈服，反而助长他们的坏脾气。故此，教育者应该做的是，当孩子因为受到责罚而哭泣，便让他继续哭泣，以痛哭的形式逐渐抵消惩罚的效果。通常情况下，孩子大声痛哭是公然表示反抗，教育者所采取的责罚只会让孩子的个性越来越倔强。这一点应该引起教育者足够的重视。倘若对孩子采取的责罚并不能让儿童意识到自己的错误，并且心平气和地听从教育者的引导，长大之后也不会按理智做事，则说明之前采用的所有教育方法都是失败的。若孩子仍然一遇到挫折就大哭不止，说明他仍然执着于自己的欲望，痛哭只会让他更加任性。如果家长因为忍受不了孩子的任性而在这个时候选择去满足他，等于是在默许孩子可以随时放纵自己的欲望。

因为如此，我才不建议对孩子使用暴力。大多数时候，对孩子使用暴力的结果都是适得其反。和儿童任性哭闹的方式相类同，只有当孩子听到吩咐不再哭闹，才说明教育者的引导起到应有的作用，已经帮助孩子克服了倔强任性的习惯。倘若孩子仍然任性，教育者也可以继续进行惩罚，如此一来，惩罚也成为教育者任性的一种方式。只是让孩子饱受肉体上的折磨，而对他们良好习性的养成并无半点帮助，这样的措施对儿童而言是真正的残忍，并非责罚的真正目的所在。

故此，在对儿童进行教育时，不能一味地采用责罚，而是需要一定的技巧，要尽量避免使用暴力，把孩子所犯错误的轻重控制在受鞭笞范围内；就算是真的需要责打孩子，也必须以端正、严肃的态度去进行，而不是由着自己的性子痛加斥责，将孩子打得伤痕累累。对孩子进行斥打时，可以一边摆道理讲事实，仔细观察孩子反应，倘若孩子表现出顺从和悔改的意愿，便应该停止责打；孩子也从自己受到的责罚中意识到，应该怎样做才能避免犯错误。另外，教育者在对儿童进行责打时，还应控制好轻重，打得过轻，起不到责罚的作用；若打得过重，则会让孩子的身体受到损伤，产生强烈的逆反心理。当孩子有所变化时，家长应当立即住手，千万不可因为心中的失望对孩子责打过头，结果通常是让孩子在身体和心灵上遭受双重折磨。

下面，接着分析孩子的第二种哭闹——满怀委屈式的。

有些时候，儿童不停哭泣，确实是因为身体不舒服或者是受到不公平待遇。

家长通过仔细观察，很容易发现孩子是出于什么原因才不断哭泣的。出于不同原因，孩子哭泣的声调、神情、动作都不同，特别是哭泣时的声调是尖着嗓音号哭，还是低沉着嗓子压抑抽泣，是很容易就能分辨出来的。不过，不管什么样的哭泣，都不应得到家长鼓励，相反，家长应引导孩子把自己心里的意愿表达出来，而不是一味哭泣。

对孩子压抑的抽泣，你越是宽容，他哭得就会越发厉害，很多孩子只要一感到委屈就会哭个不停，就算只受到一点伤害也会不停叫喊。因为哭泣是孩子学会说话前唯一的本领，也是他们表达痛苦或者宣泄情绪唯一的办法。孩子一旦觉得委屈，就会自然选择哭泣，这种习惯在孩子说话前就养成了，那时孩子年幼很容易得到家长的怜悯，放纵他们哭闹；甚至当孩子长大之后，仍然会时常采用哭泣的方式来表达自己的意愿，很明显这不值得称道。对大多数引导者而言，见到小孩受委屈，家长们确实应当表示同情，却不应放任这种情绪的滋生。作为引导者，应当帮助孩子，让孩子健康成长，但却不是因为同情孩子，就去溺爱他，使孩子养成不好的习惯。

教育者对小孩越是宠溺，越容易让孩子变得脆弱，使孩子养成娇纵的个性，只要受到一点委屈，就会失去控制，一直深陷于委屈悲伤之中，难以自拔。而作为一个睿智的引导者，应当让儿童适应苦难，并顽强地对抗。因为对于一个人漫长的人生而言，磨难与伤害都不可避免。作为教育者，不必对孩子受到轻微伤害大惊小怪，因为伤害的感觉是发自于心灵，而不是外在，只要一个人不去关注，那么伤害就会变得很轻微。养成坚强和忍耐的个性，并且对外在环境采取漠视的态度，才足以让人们战胜一切困难。而这种个性并非天生习得，而是慢慢形成的，通过长期的锻炼而获得，我们应该在孩子年幼时便开始培养。而一个孩子若能在年幼时就得到这种训练，无疑是幸运的。并且，精神上的脆弱可以治愈。研究发现，长时间的哭泣会让孩子更加脆弱，因此，让一个孩子变坚强的最好办法，就是让他减少哭泣。如果孩子摔倒，并且因此受伤，引导者不应怜悯他，而是应该鼓励他变得坚强，让孩子站起来，再走一遍。如此一来，不但可以转移孩子的注意力，还会让孩子学会小心谨慎，避免再次跌倒。不管孩子受到了怎样的伤害，作为教育者，首先要做的就是安抚孩子，让他安静下来，不再哭泣。这样的做法会让孩子变得坚强，成长为一个人格健全的人。

以上我们进行了全面分析，通过分析得出结论，儿童哭泣的原因基本有两种，对于示威型的哭闹，家长应不予理会，而是弄清孩子哭闹的原因是什么，是孩子骄傲的本性还是他的倔强，是出于欲望的驱使还是想让父母屈服。弄清让孩子不停哭泣的原因后，就应当采取相应的措施了。而怨诉性的啼哭则不同，是因为孩子从内心里感到脆弱，引导者应采用更为温和的方式去对待，例如嘲讽他，让孩子重新站起来，转移孩子的注意力，使孩子不再哭泣。教育者还应当根据当时情况和孩子的个性来处理，即便如此，也不能纵容孩子无休止地哭闹。尤其当孩子日渐成长，其心智也愈渐成熟，更应学会如何坚强勇敢地面对生活中的挫折。对周边世界已经有了自己清晰的感知，因而教育对孩子的态度应当更加严厉，必须命令孩子不再哭泣，不许他任性胡闹，以免干扰到大人正在做的事。

2. 了解孩子的恐惧

最应当引起父母重视的是如何让孩子从精神上变得强大。这方面的体现，在孩子身上尤为显著。坚定的意志是让孩子养成其他品德的前提，倘若一个人意志力薄弱，就绝不会养成这样的品质，这对一个人而言非常重要。

孩子是勇敢还是懦弱，这与孩子本身的个性有关。以下简要分析孩子的两种个性。

畏怯是人类与生俱来的天性，在人类发展的早期便已显露，倘若能对其合理支配，倒也能让它发挥相应的作用。大多数人都能分清警惕和恐惧，但有些时候，人们也会因为自尊心的驱使，而表现出过分的勇敢，这也是愚蠢的，和看见灾祸就会恐惧得发抖一样，都是不可取的。

从内心深处感受到强烈惊恐，实质上是一种警告，提醒人们应当振作起来，应对即将到来的危难。倘若人们见到危难，却没有丝毫畏惧，不能对危难进行正确的预估，毫不理会，不采取任何行之有效的办法，而一味选择凭本能和一时冲动，就只是动物性的盲目前进而非进行理智抉择的结果。当儿童有这样的行为时，对他行为进行矫正的唯一方法就是唤醒儿童的理智，告诫他即将采取的行为会给他带来危险。因为人都具有自卫心理，故而孩子对这种理性的劝告是很容易听从的。若非如此，定然有其他因素干扰了儿童，让他不顾一切，歇斯底里，连最起码的理智判断都失去了。

人类的天性是趋利避害，不对危险产生恐惧的人是不存在的。倘若有人明知道危险却仍旧不加防卫，一意孤行，人们可以将其视为无知无惧，或者是当事人受到某种强烈情绪的控制。如母亲丝毫不顾自身安危，疯狂冲向与自身实力悬殊的大型动物，其主要缘由是为了保护或救出孩子。

只为了冒险而冒险，绝对是存心和自己过不去。人都有自我保护的意识，所以没人会这样做。就算是对世界有着强烈征服欲望的探险家，也会在整个事情进行过程中，自发地控制风险。

当父母发现孩子完全被负面情绪控制，要做出不利于自己的行为时，就应该设法进行疏导，平复孩子的情绪，重新变得理智，仔细思考最终结果是否值得自己冒险。当然，因为孩子还比较年幼莽撞冲动的行为并不多见，因而我们并不必进行更多的讨论。

最应当引起父母重视的是如何让孩子从精神上变得强大。这方面的体现，在孩子身上尤为显著。坚定的意志是让孩子养成其他品德的前提，倘若一个人意志力薄弱，就绝不会成就这样的品质，这对一个人而言非常重要。作为教育者，应当在孩子年幼时就对他进行培养，让他养成这种良好的习性。因为一个人是否意志坚忍，取决于幼年时所受的教导，但是那些天生比较柔弱、胆怯的孩子，采用一定的方法进行训练同样能让他们改变。之前讨论过如何让孩子小时候就学会处变不惊，更不要因为孩子受到轻微伤害就心疼他，让孩子变得更加任性和脆弱。接下来我们进行探讨的是对于一个本性比较脆弱的孩子，教育者应当怎样做才能让他养成坚忍的个性。

真正的坚忍是当一个人不管面对什么样的危险，都能从容面对。一个真正坚强勇敢的人，敢于面对任何危险，并且无论遇到任何阻挠，都绝对不会退缩。从现实的角度来看，真正能做到这一点的人并不多。要想面不改色地处理人生中很多事，不能要求孩子尽善尽美，而是应当采用恰当的方法去引导他、教育他，如此一来，儿童在实践中的表现会远远超乎家长的预料。

一个人成年之后，并没表现出相应的才干、品德、习性，是因为在其年幼时并没有受过这方面专业的训练，比如坚定意志的养成。人们常说，我们大英帝国的人生来勇敢。不过倘若引导者误认为所谓的坚强只是指征战沙场，不畏惧强大的敌人，而表现出来的英勇和无所畏惧。那么，我认为，在战场上表现出来的英勇固然令人称扬，勇士们也应当得到人们的赞誉，但仍然不够，除战场处，还有更大的恐惧让人必须去面对。比如，死亡就是所有恐惧中最让人恐惧的；另外，疾病、嘲讽、耻辱还有贫困，都能让人觉得异常困扰，足以令深陷其中的人日夜不安；有些人虽能坦然面对贫困，却无法忍受他人的当面羞辱。所以，人性中真正的坚强并不单指在战场上表现出来的英勇无敌，而是时刻准备面对各种形式的危险，无论遇到什么样的阻碍，都坚定自己的信念，绝不会有丝毫的气馁。当然，这并不意味着不许让人恐惧，当危难到来之时，任何人都会觉得恐惧。倘若一个人感受不到任何恐惧，那说明他对周边环境已经麻木，不会再有任何的感知。所以，人一定要具有充分的意识，让头脑随时保持清醒，让自己时刻处于警戒防备的状态，而不是让恐惧控制。睿智的人会运用聪明和智慧与困难作斗争，他们会机智地找到最有效的办法，同时行动上也会保持一致，而绝非畏缩不前。

要培养孩子这种坚毅的个性，首先要按照我所言，在孩子小的时候就避免他们因为受到微小伤害就痛哭不止。因为小孩子的心智还处于成长阶段，如果他们幼小心灵受到伤害，或许终其一生都很难复原。如此一来，孩子长大后，一旦听人提及或潜意识想起，都会惶恐不安、六神无主、惊慌失措，无法采取正确合理的措施。若这种情况得以出现，定然是第一次惊吓让孩子印象深刻，给孩子的精神上留下了难以磨灭的阴影，导致孩子气血运行紊乱，引起了孩子体质上的变化。而这种变化一旦出现，将极难痊愈。

第二个步骤，要培养孩子适应那些让他觉得恐怖的事物。这个步骤，必须缓慢进行，不能急功近利，否则结果只会适得其反。孩子小的时候，看见害怕的事物会自动闪避。引导者在孩子学会语言交流之前，并没有其他合适的方式让孩子明白那些让他恐惧的事物并不可怕，而且在以后的生活中要时常接触。故此，孩子最容易被什么东西吓住，而此事物又是十分常见的，引导者就应当适时转移孩子的注意力，或者对他害怕的事物进行装饰，让其变得漂亮可爱，从而让孩子慢慢习惯，并且不再害怕。

在我看来，无论婴儿看到什么，只要不会对他的视觉产生冲击，孩子就不会觉得害怕，就像在婴儿眼里狮子和猫并无任何区别。那么，孩子为什么会对某种事物产生恐惧心理？理由很简单，那就是他们肯定被这些事物伤害过。当然，这些事物在成年人眼里是十分微不足道的，却会对孩子的情绪产生巨大干扰，让他们从内心深处觉得惶恐不安。

在条件具备的情况下，如果给一个小孩天天更换奶娘，那么，婴儿满半岁甚至长得更大时，一定比那些已经活了数十年的老人更不畏惧全新的面孔。孩子之所以不喜欢接近陌生人，很大程度是因为他们已经习惯了得到同一个人的照顾，并且从他那里得到食物及其他生活必需品。

人们目力所及，无论所见之物的形状、事物有什么差别，本身不会给人带来什么痛苦，如果没有人提醒这些常见之物有可能给人带来伤害，那么人们永远不会对其产生恐惧心理。并且，人们往往对亲身经历的恐怖觉得恐怖，而这些由别人传说的，则不会有任何感觉。例如，火无论颜色还是形状，都会对孩子产生一定的吸引力，而只有当孩子去摸过之后，才会明白，火焰是不能触碰的，以后孩子就不会再去抚摸它。这就是恐惧产生的根由，来自个体亲身的感受。那么，当孩子在心中还没有恐惧感，那说明情势还比较轻微。孩子在面对危险时，也不会表现出任何的慌乱，则说明孩子已经有了充足的准备来面对即将发生的危险。试举一个简单的例子，如果孩子听见青蛙叫就会跳起来，那么教育者可以折只青蛙，放在离孩子不远的地方，让孩子仔细观察，再把蛤蟆送到他面前，让他试着去抚摸。这样循序渐进，直到孩子能够坦然地面对一只青蛙，并且可以与他玩耍，就像和小狗小猫玩耍一样。采用上述的办法，也能消除儿童在其他方面的恐惧。但采用这种措施，同样也不可急功近利，而必须按照相应的步骤去处理。当孩子对一种恐惧的心理还未消除时，不要太过急切地让他去战胜另一种恐惧。同时教育者应当留意，把真正有危险的事物与普通事物区分开来，只有当发现孩子对那些本不值得要怕的事物也觉得害怕时，才对孩子进行引导，直到孩子战胜那些看起来比他强大的对手，获得属于他自己的荣誉。当孩子多次成功后他就会发现，所谓的灾难并不像人们想象的那样恐怖、不可战胜，而逃避永远解决不了任何问题。一个勇敢坚强的人应当不畏惧任何困难，而学会为自己的荣誉和责任去战斗。

3. 让孩子习惯于受苦

一旦孩子懂得吃苦受罪都是为了他着想，他虽然是受了苦，但在这个过程中表现出来的勇气，却受到所有人赞扬，让孩子感受到成功带来的快乐。

通过以上的叙述，大家应该明白，让儿童心理上产生恐惧的原因是痛苦，而让孩子不再畏惧、不怕困苦的有效方法，便是让孩子习惯痛苦。但大多数家长都是心慈手软的，觉得这样的办法对小孩子而言未免太过严厉。大部分人都觉得，这样做孩子一定会对那个让他受苦的人心生憎恶。同时，让孩子主动受罪这个说法太不符合逻辑。本文之前说，孩子犯了错不应鞭笞，而现在孩子并未有任何过失，却要让他受罪，纯粹为了受罪而受罪，与之前的陈述不是自相矛盾吗？会不会是我一时的心血来潮？

是的，通过让孩子吃苦来对孩子进行教育的办法，必须谨慎为之。只有那些习惯于认真并且对任何现象都习惯于进行研究的人，才会觉得我言之有理，并领会到它的益处。我之所以不主张因为儿童犯了错就对儿童严厉责罚，是因为不想让孩子习惯这种惩罚。我的想法是，在孩子一切顺利时，适当给他一些挫折，以此来锻炼孩子坚忍的意志，目的是让儿童适应苦难。唯有如此，孩子才不会把痛苦当成最大的苦难。而教育的目的，就是要让年轻人习惯于痛苦与磨难。对以上所论，斯巴达人（Spata）已经做出最好的榜样：那些最不把身体痛苦当痛苦的人，才能养成最好的德行。当然我并不提倡把这套魔鬼似的训练方法生搬硬套到眼下的教育模式中来，而是主张在对儿童循循善诱的同时，让孩子养成不在任何困难面前畏惧退缩的良好品质，使孩子的意志更加坚定，就算在丰衣足食、一切顺利的环境中也会表现出相当程度的意志。

要想实现这样的教育目标，不是短时间内能够完成的，必须循序渐进。而最先要做到的，就是不要过分宠爱孩子，既不能见到孩子受苦就去保护他，也不能过分疏远孩子，让孩子觉得自己无人关心。

第二，在恰当的时间，让孩子吃一些小小的苦头。同时应注意的是，这种方法应当在孩子心情愉悦时进行，同时让孩子明白这样的训练是为了让他将来受益。在对孩子进行训练时，应注意以下几点：第一，家长要做到不动声色；第二，无论出现什么样的情况，家长都要保持平静；第三，给予孩子的痛苦与压力，都要控制在孩子能够接受的范围内，否则很容易引起孩子的怨恨和误会，更不能让孩子觉得这是一种变相的惩罚。我曾见过受教育的儿童在家长创设的情境下接受吃苦的训练，训练过程中有人对他进行责打，孩子却满不在乎地笑着跑开。但在不久之前，同样是这个儿童，只要被人说重话，他就会委屈得大哭。而同样是那个打他的人，只要对他冷眼相对，孩子都能清楚地感受到。而经过反复训练后，儿童却已经能平静地接受对方的责打。

教育者应当明白，孩子的心都是赤诚的，他们可以清晰地感觉四周的人和物。只有当教育者用一颗真诚炽热的心去关心孩子、爱护孩子，教育者所采用的所有言行，都会被孩子发自内心地去接受。就算孩子从教育者那得到的是简单而粗暴的对待，或者遭遇了其他的痛苦，他也能心平气和地接受，而不会逃避，更不会抱怨。因为儿童与儿童间相处的情形就是这样——今天打打闹闹，明天就会和好，并不会互相记恨。以上种种都说明，孩子的接受力是非常柔韧而富于弹性的，教育者应当好好地把握这种特性，抓住机会，及时对孩子进行教育。

运用上文所说之方法，必须要掌握一定的方式方法：应当在与孩子相处得最愉快时进行，并且要让他从感觉困难程度最低的事上进行，并且由弱及强，逐步进行。一旦孩子懂得吃苦受罪都是为了他着想，他虽然是受了苦，但在这个过程中表现出来的勇气，却受到所有人赞扬，让孩子感受到成功带来的快乐。孩子一旦养成这样的习惯，就不会再畏惧痛苦和磨难，而自动选择忍受痛苦，来获得属于自己的荣誉。这样，儿童的心智更加健全，足令教育者欣喜，进一步改善孩子个性中软弱的一面。

当孩子一天天长大，教育者应当让他自发选择适用于他自己的方式，去挑战那些对他而言难度更大的事。其实很多事情，只要孩子敢于去做，就可以做得很好；但却总是因为他习惯性地退缩而失败。如果孩子表现出退缩，表明孩子对这件事毫无自信，最开始教育者要刺激他，让孩子勇敢去做，通过反复练习增加孩子的自信。一旦孩子有了自信力，就会做得很好，这个时候，家长应适时对孩子给予鼓励，并让所有人都表扬他。通过这样的步骤，培养孩子果断决策的能力。只有当孩子不管在什么情况下都表现出足够的理智与能力，那么，当孩子遇到突发事件时才会不慌张、不逃避，而是选择主动采取办法去解决，这样才算是具备了真正的勇气。而对于这种勇气，教育者应当多加鼓励，使其更加固化。

4. 挫折教育

所谓"挫折教育"，是在适当的时候让孩子吃些苦，让他们亲身体会打击带来的不良情绪。尤其重要的是让孩子适时总结失败的原因，鼓励孩子进行反复尝试，通过练习来获得自信，让孩子学会站起来，不断前进，直到走向成功。

如果教育者希望孩子将来成为一个有用的人，那么挫折与磨难都是不可避免的。所谓挫折，并不意味着让孩子遭罪，或者从事成年人才能完成的工作，因为这未免太不现实，并且无法取得好的效果。挫折教育的真正目地在于，培养孩子自强不息的坚毅品质。

一个人用什么样的心态去面对困难，是决定他一生成败的关键。面对困难，是继续前进还是后退？许多天赋过人，能力超群者之所以失败，就是因为在紧要关头放弃，导致失败。而一个真正坚强并且持之以恒的人，绝不会轻言后退。正如前人总结的那样，其实所谓的成功者，关键只在于比失败者更多站起来一次而已。

如果想让孩子长大以后成为一个真正健康的、优秀的人，就要从他们很小的时候起，对他们实施挫折教育，摔倒之后让他们学会自己站起来，自己犯下的过失自己去弥补，就算是遇到困难也应当自己去面对。从前，有个十二岁的男孩，在踢球时不小心损坏了邻居家的玻璃，邻居索要十二点五镑作为赔偿。男孩向父亲承认错误后，父亲让男孩为自己的过失承担责任，男孩很是难为情："可是我没有钱。"父亲很温和地告诉他："没关系，这点钱我可以先借给你，你拿去赔给人家。但是一年以后，你必须把钱还我。"男孩答应了。接下来的一年时间里，男孩每逢周末和节假日，就会外出打工挣钱。一年以后，他终于凑足钱还给他父亲。这个男孩后来成了英国著名的政治家，每当回忆往事之时，他都会忍不住自豪地说：

"通过劳动来承担自己犯下的过失，让我明白了什么是责任！"

所谓"挫折教育"，是在适当的时候让孩子吃些苦，让他们亲身体会打击带来的不良情绪。尤其重要的是让孩子适时总结失败的原因，鼓励孩子进行反复尝试，通过练习来获得自信，让孩子学会站起来，不断前进，直到走向成功。

5. 培养孩子仁爱之心

另外，家长们应当注意的是，如果孩子做了坏事，或导致什么严重的后果，倘若只是出于无心，儿童在做的时候并不清楚会对他人造成什么样的伤害，也不是故意为之，那么，教育者应当给予适当的提醒，而不应该采取过度激烈的惩罚性手段。

通过观察得知，儿童们虐待小动物的事情不少见。孩子们在最初得到小动物时，还会因为它们长得可爱，因而对它们仔细照顾，待新鲜兴头一过，就会流露出粗暴的一面。这种情形应当引起教育者的高度注意。倘若看到孩子有这样的举动，教育者应立即给予他们指导，让他们做出相反的举动。因为虐待动物或杀害动物，会让儿童的脾气变坏，心也一天比一天冷漠，以致对待同类时也是如此。凡是喜欢虐待小动物的孩子，将来长大后，对自己的同类也必定缺乏宽厚仁爱之心。所以，教育应从儿童年幼时，便对他灌输这样的概念：杀戮或者摧残折磨任何生命都是一件可怕的事，除非为了保护更高贵的生命，否则不应该采取任何破坏行为。让儿童明白，每个公民都有这样的认知，那么世界就会变得更为安宁，更为和睦。

回到从前讨论的话题——怎样做才能培养孩子的仁爱之心。我认识一位母亲，她的仁慈、宽厚与平和都令人称道。如果她的女儿当中，有人像其他的小女孩儿一样，向她提出想要得到只属于自己的宠物，她一定会满足她们的要求，前提条件是，一旦她们得到这些小动物，就必须全心全意地照顾它们，不能让它们受到任何的伤害。因此，她的女儿们从很小的时候起就学会了勤劳与善良。在我看来，当孩子懂事时，就应当让他们养成好习惯：学会珍视身边的一切，无论得到什么东西，都应该好好珍视，不可以随便毁弃。

有些孩子习惯从做坏事中获得短暂的快乐（例如无故损坏东西，或者是给他人故意制造麻烦）。在我看来，这并不是孩子的天性，而是后天习得，是模仿身边人言行而养成的恶劣习性。很多成年人喜欢教孩子打人，并且看到他打伤别人还欢快大笑；而同一个圈子里多数人都有这样的习性，并且助长彼此恶劣的行为。纵观人类历史，是充满战争的，讲的就是成者为王、败者为寇。成功者（通常是手举屠刀，满手血腥之人）获得无上的荣耀，为人们津津乐道，往往会让年轻人觉得互相残杀其实是一种高贵的、值得人称赞的事，进而争相学习。如此一来，违背人类自然天性的残忍，很快在孩子身上生根发芽、茁壮成长，还成为一种流行的时尚。事实上，这种时尚并不能带给孩子真正的快乐，也完全违背了人类的天性。一旦当孩子出现这样的念头，一定要尽早根除，并细心培养孩子天性中向善的一面，比如仁爱、慈悲、善良，替代滋生出来的邪恶。

另外，家长们应当注意的是，如果孩子做了坏事，或导致什么严重的后果，倘若只是出于无心，儿童在做的时候并不清楚会对他人造成什么样的伤害，也不是故意为之，那么，教育者应当给予适当的提醒，而不应该采取过度激烈的惩罚性手段。同时也要注意无论孩子犯下什么样的错误，产生怎样的后果，教育者都应该注意促使孩子作出这样举动的心理动因以及孩子潜在形成的心理习惯，论心不论事。这是对孩子进行教育或者责罚所应遵循的原则，不要因为儿童在进行游戏时所犯的无心之过便去严厉地责罚他。意思是，有些微小的、不符合成年人是非标准，但却会随着孩子日益成长能够慢慢改正的言行，无论当时给人的感觉是如何恶劣，都不要随意对孩子进行责罚。

6. 让孩子学会尊重别人

无论在怎样的境况下，都不能让孩子养成不尊重他人的习性。儿童表现越是傲慢，对他们的斥责就应当越严厉，让孩子变得更为宽厚。

要培养孩子的仁爱之心，更好的方法就是教导孩子对地位更低的人，比如家中的保姆，在言行举止上应更加谦和，平易近人。绅士家的儿童对佣人态度傲慢，动辄斥骂，是很常见的，在他们眼里，似乎佣人并不是人，而是低一等的种类。对于孩子的这种表现，无论其是出于不良榜样的影响或者是因为显赫的家世，还是与生俱来的虚荣，都应当坚决予以制止，并强烈要求儿童改正。

要想让孩子学会尊重他人，应当先教会孩子如何平和地对待下人；让孩子明白，倘若他们学会尊重他人，能令佣人们在劳动时对自己的主人满怀尊敬与爱戴。这样主人并不会因自己的谦和有礼便自贬身价，反而会得到他人的尊敬，从而建立自己的良好威信，也会让佣人发自内心地觉得他们并没有因为不富有就低人一等，因而会更加愉快、更有效率地劳动。所以，教育者应当注意，无论在怎样的境况下，都不能让孩子养成不尊重他人的习性。儿童表现越是傲慢，对他们的斥责就应当越严厉，让孩子变得更为宽厚。倘若孩子从小便学会倚仗父母的财产、权势去欺侮他人，放任自流，只会让孩子越发任性，养成骄傲自负的个性，最后造成了社会的不平等和压迫的产生。

7. 运用孩子的好奇心

儿童们不管问出什么样的问题，教育者都应耐心地、仔细地回答，就算他们问的问题非常可笑，教育者也不应当嘲笑他，而是应该尽可能仔细地回答他提出的所有问题，并且在他的感知范围内，用他们可以接受的方式，仔细讲给孩子听。

孩子之所以好奇是因为他们有未知的渴望，教育者应当给予他鼓励和赞扬。好奇是人类健康的需求，是上天赋予人类的本能，儿童们会通过这种本能从无知走向有知。如果孩子不会运用自己的好奇心理而不断对周围的世界进行感知和学习，那么在不久的将来，他就会完全变成一个无知和愚蠢的人。

因此，儿童们不管问出什么样的问题，教育者都应耐心地、仔细地回答，就算他们问的问题非常可笑，教育者也不应当嘲笑他，而是应该尽可能仔细地回答他提出的所有问题，并且在他的感知范围内，用他们可以接受的方式，仔细讲给孩子听。教育者应当注意的是，进行解释时，一定要在孩子能够理解的范围内，不要给孩子灌输一大通他不喜欢的概念，让孩子更加糊涂。更重要的是，教育者应当花心思讲清楚孩子提问的真正目的是什么，而不是问题本身。一旦你认真做了回答，让孩子的好奇心得到满足，你就会惊奇地发现，孩子会借助你的回答，自动扩展自己的思维。你给孩子的答案，加速了孩子的进步，而这种进步往往是令人无法想象的。因为人天生对有的东西有着渴望，就像人天生对食物渴求一般。孩子们都很喜欢学习新的知识，尤其是当他们发现自己正在学习的东西也普遍受到他人关注时。孩子求知探索的渴望在相当大程度上得到满足，如果教育者能鼓励孩子不断进行提问，那获得的收益将会更多。很多孩子之所以把大部分时间都花在无聊的游戏上，原因是他们的好奇心受到限制，他提出的问题没有得到应有的重视。倘若孩子的问题能从教育者那得到温和的回答，他一定能得到更多的快乐，从而增强知识对孩子强大的吸引力。

除了认真对待孩子的提问、仔细回答他所有的问题外，作为教育者，还应当多鼓励孩子，让孩子保持求知的欲望。比如，你可以当着孩子的面，告诉孩子所喜欢和敬重的人。孩子学会并掌握了新的知识，喜欢得到他人的夸奖与赞扬，作为教育者应当很好地运用这种天性，尽力满足孩子的虚荣心和成就感，促使他去做对他有益之事。家长应当培养家中最大的孩子主动学习，并且让他成为其他孩子的典范。

8. 孩子的问题不能妄加答复

求知欲望强烈的孩子每问一个问题，应该都值得教育者沉思，不可随意回答。

孩子提出问题，教育者不应当忽视，同时也不能随意答复，不能因为提问的是小孩子，就随口胡诌。无论你怀着什么样的态度去回答他，孩子都能感受到，并且从中学会伪善、欺骗、说谎，等等。人与人交往时，不应有丝毫作假，尤其是在与孩子的交往中，更应该注意。当成年人对孩子弄虚作假时，不仅敷衍孩子心理上的渴求，还妨碍了孩子的求知欲望，破坏了孩子天真善良的本性，等于间接地帮助孩子变得邪恶。儿童刚来到这个世界，就像进到完全陌生的环境里，对周围的一切茫然不知，作为成年人，应当诚恳地对待孩子，不应该给孩子胡乱指路。可能有时候，孩子提出的问题十分无足轻重，但作为教育者，也必须给予足够的重视。因为对成年人和儿童而言，问题的重要性是完全不同的，成年人应当认真对待孩子的问题，并且引导他们从探知问题的过程中获得快乐，通过这样的方法让孩子获得知识，摆脱无知。

可以假设，一个人（可以是任何人）凭借自己已经掌握的知识，凌驾于其他人之上，丝毫不重视孩子提出的问题。如果有一天，当他们进入一个完全陌生的地方，比如日本和丹麦，在全新的环境里，问题会接踵而至，这个人求助于当地人，对方却丝毫不予理会，并且觉得这个人很白痴，试想想看，这个人的处境会多么尴尬。如果情况反过来，这个人遇上的是一个年轻而热情的绅士，对方彬彬有礼，平易近人地回答了提问者所有的问题，那么提问者是不是会觉得特别开心，并且会对回答者心存感激？

孩子如果看到一件新的事物，通常会十分好奇，主动向年长者询问。这个时候，孩子最主要的目的是想弄清楚物品的名字，因而，最准确的答案是回答他，如果孩子以前见过，就会再问："它可以用来做什么？"这个时候，引导者的回答应精确而形象，根据孩子的理解范畴，将事物真正的作用完全解释给他听。以此类推，对孩子其他的问题，也应当根据他的理解能力，满足他的好奇心。这样，孩子能从你的回答里获得他们想要的知识，并且找出新的问题。对于一个教育者而言，小孩子不断问问题有些让人心烦，但优秀教育者的每一次回答，都对孩子有着十分重大的意义。求知欲望强烈的孩子每问一个问题，应该都值得教育者沉思，不可随意回答。孩子们因为其思维模式还未定型，因而他们的世界充满了创新性，有时偶尔提出的一个问题，都比成年人更具启发性。因为成年人受过系统教育，所说的话往往是从所受教育中得到，代表了一种成见，毫无新意。而孩子的思维，却不受任何一种模式、观念的影响和约束。

有些孩子生来内向，不善于与人交流，对这些孩子，教育者应当引导他们去看新的事物，让他们产生问题，并鼓励孩子大胆地问问题。如果孩子所问的问题超出了他的已知范围，教育者应当告诉："这个问题你不该问，但是你可以问其他的问题。"而不可敷衍他，或者用冷漠的方式来对待。

9. 对待孩子必须"言必行，行必果"

如果家长经常不遵守自己的承诺，会对孩子造成非常不好的影响。儿童对父母的信任与热爱，会因为父母一次次说话不算数而大受打击。这样的事若多次发生，儿童就会完全不把家长的话当作一回事。

孩子如果提出要求，父母应仔细听取，对于孩子合理的要求，家长应给予满足，如果不恰当，也要和孩子心平气和地解释为什么无法满足他的要求，是因为他的要求并不合理，而绝不能因为孩子无理吵闹就宠溺他，这样反而会让孩子变得更加任性。

另外，父母应当注意，一旦答应孩子某件事，就要尽全力去实现，千万不能轻易许诺，让孩子失望。比如，有些家长会因为制止儿童哭闹，随意答应他一件事，之后却寻找各种借口不去做。这样，孩子会一直记着，并且会觉得是家长失信，不讲信用。

第一，家长不遵守自己说过的话，会大大打击儿童的积极性。或许在家长看来，允诺孩子的那些事根本无足轻重，但对孩子而言，却有非常重要的意义。他们或许开始因为这件事，而作出了一个非常长远的计划，并且对此抱着强烈的希望，可是家长却绝口不提这事，就算孩子提醒，家长终于想起来，但因为不情愿或超出了计划，所以找别的理由来敷衍孩子，会对孩子的心理造成巨大打击。如此一来，儿童心灵受到巨大打击，就会变得很不开心，从而与家长间产生隔阂。

第二，如果家长经常不遵守自己的承诺，会对孩子造成非常不好的影响。儿童对父母的信任与热爱，会因为父母一次次说话不算数而大受打击。这样的事若多次发生，儿童就会完全不把家长的话当作一回事。

第三，倘若父母总是说话不算，会对孩子造成非常不好的影响，儿童会在不知不觉间进行模仿，时间一长，养成孩子恶劣的品性。对自己说过的话、做过的事担负责任，是一种重要的社会品德。如果一个人总是言而无信，便很难在重要岗位上立足。一个人能获得怎样的社会地位，往往与他个人的信用息息相关，因而家长们应切记，不要轻易对孩子许诺，一旦许诺，便必须要实现。要让儿童养成诚实守信的好习惯。

10. 孩子有超出他言辞的推断力

理性的思维能力，应当得到细心的呵护与培养。只有当一个孩子拥有充分成熟的理性思维能力，并将其运用到解决实际问题中去，才算已经成为一个成年人。

有些孩子很小的时候起就反应灵敏，才识过人，这并不意味着孩子便很聪明。如果教育者想让一个孩子能说会道，是可以通过专业和系统的训练来完成的。对于一个明智的父亲而言，与其让孩子懂得交际，变得能说会道，不如让他长大后成为一个讲求实干的人来得重要。虽然孩子的口才应当适当培养，但我仍然认为，与其让孩子能说会道，不如注重对他的实干能力进行培养，让孩子在将来的社会生产活动受到更多人的赞赏。所以，在孩子成长的早期，家长就应当扩大他的认识范围，并引导他善于提出问题、分析问题、理解问题、解决问题，只要发现孩子应用自己成熟的理智去解决问题，家长应立即给予鼓励，并且加以赞赏。

倘若孩子的言行有所偏颇，家长也不能讥讽他，而是要循序渐进地帮助孩子进行改正。一旦发现孩子学会运用自己的理智，去合理解释身边的问题，家长就应当对他的这种能力精心培养，不但要注意不要让人打消他的积极性，在与孩子进行交流时也绝不要使用具有暴力倾向的语言，以免将孩子的思维引至歧路。理性的思维能力，应当得到细心的呵护与培养。只有当一个孩子拥有充分成熟的理性思维能力，并将其运用到解决实际问题中去，才算已经成为一个成年人。

11. 肯定孩子敢于提出反对意见

所有的创新，都是与常识或跟其他人意见相反的。所以，家长若不允许孩子有自己的主张，就会妨碍孩子成长，最终让孩子成为一个毫无主见、只会随声附和他人的软弱的人。

曾经有一位家长去参加孩子的公开课，在课堂上，孩子的老师并没有因为她的孩子没有正确给出答案，就对孩子进行斥责，给这位家长留下了深刻的印象。

当时，这位家长的孩子在读小学一年级，家长受邀去参加观摩课，课堂上老师教孩子们用玻璃珠算数，老师提问："七减五等于几？"听到老师的提问后，孩子们纷纷开始拨弄玻璃珠，再给出自己的答案："二！"

就在所有人异口同声之时，这位家长的小孩站起身来，大胆说出自己的答案："七减五等于三！"其他孩子听到他的话，纷纷大笑起来。小孩一看所有人都嘲笑他，立即变得惊慌失措，不知该如何是好。

幸而老师很有经验，很快破解窘迫的场面，用温和的语调转移了所有人的注意力："既然有同学提出不一样的答案，那么我们就应该进行一次正确的验算，以检测答案是否正确。"于是，老师们开始引导孩子们进行验算，并且让所有同学认识验算的重要性，最后老师归纳总结："刚才那位同学，让我们学习了新的知识，并且让我们懂得在学习中进行验算是十分必要的。"

以上的实例说明，很多时候，成年人还不如小孩子。当所有人都觉得"二"是正确的，而自己却仍然不加怀疑地把自己所得出的答案说出来，是十分不容易的。更为普遍的心理现象是：既然所有人都说"二"是正确的，那么自己也跟着说吧。如果只有自己一个人坚持，并且坚持的最后结果还是错误的，那自己的处境会多么尴尬。就像安徒生童话《皇帝的新衣》那样，所有人都不敢说出真相，只有那个孩子敢说出口一样，就像上文所举实例那样，孩子并没有因为自己算出来的答案不一样，就放弃自己的坚持，反而大声说了出来。虽然他计算得出的答案是错误的，但是坚持的态度却值得人称赞。

很多时候，能否提出与他人完全不一样、只属于自己的主张，与一个人是否具备创造性的关系并不大。例如伟大的科学家牛顿从很小的时候起就不喜欢和其他人一起玩，而喜欢一个人默默地摆弄机械，为此没少受其他孩子的嘲笑。

通过研究不难发现，很多时候，发明创造也好，其他事情也罢，所有的创新，都是与常识或跟其他人意见相反的。所以，家长若不允许孩子有自己的主张，就会妨碍孩子成长，最终让孩子成为一个毫无主见、只会随声附和他人的软弱的人。

12. 如何应对孩子的"漠不关心"

如果孩子的懒惰仅仅只在读书上，那就不必太担心，只要仔细地培养孩子读书的兴趣就好；但如果孩子从本质上变得懒惰，事态就十分棘手。

孩子有些时候会表现出一副与勤学好问完全不同的性情，对周边发生的任何事都漠不关心，无论娱乐还是游戏，都不能引起他太大的兴趣，只是随波逐流。

如果发现孩子有这样的表现，应立即予以纠正。倘若这是与生俱来的，调动起来将会非常困难。教育者应当仔细观察孩子的行为并得出结论，孩子是对所有人都漫不经心，还是只对那些他不喜欢的事上兴趣欠缺，但对其他他感兴趣的事上则十分热衷？倘若教育者仅仅因为孩子课堂上不怎么用功，白白浪费学习的时间，就简单断定儿童是在闲混，未免过于武断；很可能是孩子在放纵自己，觉得学习没意思，而有可能是想尝试做其他他更感兴趣的事。倘若儿童学习并非出于自愿，而是被教育者强迫，他们自然对学习不会有太大的兴趣。而教育者若想调查清楚孩子究竟为什么对身边一切漠不关心，那最好是在孩子走出书房、尽情嬉戏的时候观察他，观察孩子在其他事上有什么样的表现，是不是对所有的事情都没有任何兴趣，看他有没有想办法让自己变得更加快乐；看孩子有没有集中注意力，全力以赴去完成某件事，直到实现目的为止。或许他真的已经习惯懒懒地过日子。如果孩子的懒惰仅仅只在读书上，那就不必太担心，只要仔细地培养孩子读书的兴趣就好；但如果孩子从本质上变得懒惰，事态就十分棘手。

13. 让他做他喜欢的事情

倘若孩子的"懒惰"并非源于天性，而是对学习产生了厌倦，那么引导者可以让孩子自由地去做他想做的事，并且不要给予孩子任何的干涉。

如果家长发现孩子在学习时偷偷玩游戏，或者做其他的事，家长应当明白，其实孩子从来不曾偷懒，只是对学习不感兴趣，说明让他学习的内容没有能成功地吸引他，孩子才会偷懒。如果发现孩子有这样的行为，不能暴躁地责打他，而是应当用温和的语气让他明白，偷懒其实是太过愚蠢的行为，并且对他害处极大。他这样做，其实是浪费了太多他原本可以用来玩耍的时间。当教育者这样引导儿童时，态度一定不能过于急躁，最开始也不可以说得太多，那样反而让儿童心生厌恶，只要让儿童明白教育者的用意即可。

倘若上述所说的方法行得通，家长可以用温和的、循序渐进的法子来达成教育的目的。如上面的办法不奏效，那么家长可以适当地羞辱孩子，不过同时也要照顾儿童的自尊心，注意在没有外人的情况下去做。可以在夜幕降临之时，把孩子叫到自己面前，仔细地问问他，让他自己总结一天里的所作所为，一定会让孩子觉得非常困窘。如果儿童在规定时间没能完成任务，引导者可以进行轻微嘲讽，让孩子觉得自己成了令人嘲讽的对象。与此同时，教育者应当注意，不要对孩子进行过于严厉的嘲讽，只要漠然以对，当他不存在，在他没改正自己的错误之前，都不要对他有所好转，直到孩子认识到自己的错误并认真去改正。在这段时间里，家里其他成员也应当与引导者保持相同的态度，倘若用这样的办法，都无法让儿童有所改变，那么教育者可以非常明确地告诉孩子，他并不需要什么导师，更不需要花费不必要的金钱请人来陪他做无意义的事。另外，教育者还可以尝试下面的法子——让孩子尽情地玩，爱怎么玩，那就怎么玩。我在此处所说的玩，并不是随意地说，而是要让儿童去玩感兴趣的游戏，他喜欢看动画片，就让他一直看，从早到晚地看，并且，家长还要从旁督促他，让儿童一直看个不停，直到他完全疲倦，终于愿意换种方式学习。但是在教育者吩咐儿童做那些他感兴趣的事时，最好的方式是亲自在旁边看着，这样可以起到更为明显的作用。作为家长，无论有多么重要的事，花些时间在孩子身上，帮他们纠正不好的习惯，总是有价值的。

我时常会听到家长说："我的孩子每天除了玩还是玩，根本不愿意把精力用在学习上。"

通常情况下，家长会觉得儿童看杂书就是在玩，在浪费时间，只有读课本才是学习。而事实并非如此。专家研究指出，书看得越多，孩子的理解能力就越强，学习起来就更加轻松。"不能光看课外书，更重要的是学习！"父母经常把这样的话挂在嘴边，却不知看课外书对孩子而言，也是积累知识的过程。父母说教太多，不但会让孩子厌烦，并且会让他从内心里觉得读书是件苦差事，从而越来越讨厌读书。

几乎所有的人都有逆反心理，越不让他做的事，他却越要去做。一项心理实验的结果足以证明，在一块空白墙上挖个小洞，再贴上张"不可偷看"的标语，然后站在一旁进行观察，不难发现，几乎从墙前走过的所有人都凑到小洞上偷看。道理相同，教育者越是禁止孩子去看那些与学习无关的"杂书",孩子就会越是想去看。

因而,对那些一味只知道看杂书,根本不愿意学习的孩子,教育者不妨建议他:"看看这本书,怎么样?""这本书的内容很有趣哦。"但教育者的态度不可太强硬,否则也难以起到应有的作用。

我不鼓励孩子看课外书,也不便采用强迫的方法。这意味着无论是劝孩子学习也好,不允许他读课外书也罢,都不可过于急迫,家长越急,就会让孩子越发以为看课外书比学习本身有意思得多。

倘若孩子的"懒惰"并非源于天性,而是对学习产生了厌倦,那么引导者可以让孩子自由地去做他想做的事,并且不要给予孩子任何的干涉。也许孩子会选择躲起来,悄悄地进行,因为孩子心里明白,他很感兴趣的事,大人却不以为然,甚至不愿意看到他们去做。所以,孩子一面想悄悄去做自己喜欢的事,另一面,对于他们没有兴趣的事,又不愿意去做。正因为如此,教育者才会被孩子们漫不经心的假象所迷惑,以为他们无论对什么事,都提不起任何兴趣。其实,他正悄悄打算如何趁教育者不注意,去做他们自己想做的事。因此,为了弄清事情的真相,教育者不但不应该阻挠孩子,反而应该给他足够的时间和空间,然后观察他在自己为所欲为之时,是仍然懒惰,还是在全神贯注地做自己喜欢的事,这样一来,真相就会一目了然了。

14. 如何对待天性懒散的孩子

对于孩子的这种惰性,一定要大胆地激发他们所有的兴趣和欲望,因为他们缺少的正是欲望,而欲望是一切行动的原动力。应该引起教育者的注意,并对其进行培养,进而激发孩子的动力和热情,彻底地告别懒散的坏毛病。

倘若孩子天性上有什么缺陷,导致他整个人看起来异常颓废,那问题就十分严重了。在这样的情况下,要想把孩子的这种习性给纠正过来,就必须设法让他懂得什么是远见、什么是欲望，以提高孩子自身的智慧。

倘若教育者确定，儿童的懒惰、散漫是出于天性，就要进行仔细观察，去判断孩子是不是对所有事都漠不关心。如果发现孩子还有自己喜欢的东西，那无论是什么，都应当积极地予以支持，促使他发生兴趣，生出欲望，以此来激发他的动力。如果孩子喜欢听到的是他人的称赞，以及嬉戏和玩耍，喜欢漂亮的衣服和各种玩具；不然反过来说，他恐惧痛苦，恐惧受到羞辱。不管孩子喜欢什么（只要不是懒惰，因为懒惰的人永远都不会用功，自然更不会成功），教育者都应当抓住机会，利用孩子喜欢的东西去鼓舞他，这样做一定可以让他重新振作起来。对于孩子的这种惰性，一定要大胆地激发他们所有的兴趣和欲望，因为他们缺少的正是欲望，而欲望是一切行动的原动力。应该引起教育者的注意，并对其进行培养，进而激发孩子的动力和热情，彻底地告别懒散的坏毛病。

15. "笨孩子"也会创造奇迹

作为教育者，应当多多发现孩子的优点，再加以引导和教育，让孩子的天才之光闪现出来。

在日本，有一句名言：教养比门第更重要。仔细想来，确实如此。所谓"门第"，是指孩子出生的环境、背景、家族等先天性决定因素；而教养则是教育等后天性的因素。上面那句话的意思是说，后天性的因素比先天性重要得多，也就证明了"普通孩子也可成才"。

纵观世界各国的历史，不难发现很多大英雄，小的时候都是默默无闻，甚至看起来比普通孩子还要笨，但是当他们长大之后，却全都成为了天才以及赫赫有名的人物。所以，如果教育者的家族中，刚好也有一个"笨孩子"，千万不要瞧不起他，更不要为难他。倘若一个孩子智商不高，并非他情愿，要相信勤能补拙，只要他用心努力，一样会获得属于他的成就。

许多后来成为科学家、文学家的人，在学校时都表现得十分普通，甚至可以说是丝毫不引人注目，其原因何在？通过对那些不完整的资料和传说分析可知，这种情况几乎是不可能的，而它确实又出现了。唯一的解释是，学习成绩差的原因是多方面的，很有可能是因为他们长期致力于他们专注的事，因此也能证明学校教育存在一定的缺陷。

因此，作为家长，无论什么样的情况，都应当注意孩子能来到这世上，本身就是一个胜利，因为他战胜了众多的精子，才能发育成胚胎，进而降生并在这个世界上成长。因此在他的身上，一定有不为人知的潜质。作为教育者，应当多多发现孩子的优点，再加以引导和教育，让孩子的天才之光闪现出来。

16. 不愿读书就干活

现代人都提倡亲子活动，而让孩子适当地参与家务劳动，也是亲子活动的一种。让孩子多劳动，其实比单纯让他读书，更利于他的智商发展。

如果家长用尽所有的办法，仍然没能陶冶性情，让孩子改掉坏的习惯，那就应当适度地让他从事一些体力劳动，并且这样培养绝对不可以随随便便，而是要持之以恒，如此一来，就会让孩子养成多多少少做了点事的习惯。培养孩子努力学习，是让孩子养成运用心智的习惯，但在孩子学习的过程中，他到底有没有动脑，却是任何人都无法看到的，教育者也无从判断孩子是不是有偷懒。既然如此，还不如让孩子做点体力活，如果孩子因为这个，觉得自己受到了羞辱，老是觉得十分难堪，那也不错，至少他们就愿意去读书了。

倘若孩子愿意从事家务劳动，教育者就应当给他安排够分量的活，这样他就没有时间偷懒。一旦孩子流露出愿意读书的态度，教育者应当适当地免除他的部分劳动，来作为对他的奖励。孩子越是自发自愿地读书，安排给他的工作就越来越少，什么时候孩子不用督促也会自发读书，那么对他的惩罚也就可以相应取消了。

　　从前，因为许多家庭的劳动任务都比较繁重，所以经常安排孩子进行劳动。我觉得，这种劳动与其说是为了帮助父母，减轻家长肩上的重担，还不如说是对孩子进行锻炼。这种劳动已经不是游戏，而早已经具备了一定的价值，需要家长和孩子共同认真对待。孩子从中学会制订相应的计划，因此再没有任何时间偷懒，还培养了孩子的忍耐力。

　　此外，让孩子经常从事家庭劳动，可以提高孩子的心智。当孩子参与到家庭劳动中，会自发承担起某种相应的义务，他们做得越是出色，越容易得到家长的表扬，从而让孩子觉得自己的存在是有价值的，因而更加开心和快乐。

　　从前有一个孩子，大家都认为他比较笨，父亲和母亲也不喜欢他。突然，有一天家里来了客人，大人没时间出去购物，就把要买的东西写在一张纸条上，让孩子去买。孩子离开家以后，按照纸条上的要求，去过许多商店，终于把要用的东西买齐了。家长非常惊讶，对孩子大加称赞。从那以后，孩子不管做什么事情都有模有样，再没有出任何差错。

　　从上面的事情可以看出小孩子如果发现自己很有用会非常喜悦。这种喜悦会带给孩子强烈的成就感，比大人们想象的更为显著。

　　孩子如果想从事家庭劳动，家长非但不应该阻拦，而且应当给予鼓励，更不要觉得孩子多管闲事，因为这样会打消孩子的积极性，并且剥夺了孩子提高心智的机会。

　　现代人都提倡亲子活动，而让孩子适当地参与家务劳动，也是亲子活动的一种。让孩子多劳动，其实比单纯让他读书，更利于他的智商发展。

17. 孩子热衷新颖形式的教育

对孩子教育的技巧就是把让孩子应当去完成的任务，变得像游戏一样轻松愉快，让孩子自己从中选择去做他的家长或其他教育者希望看到的事情。在这样的情境下，只要把孩子培养好，那么其他孩子就会跟着模仿，形成良好的风气。

孩子们之所以喜欢游戏，是因为他们喜爱新鲜事物，喜欢不停地变换花样，因此教育者不应当把功课强塞给孩子。作为教育者很容易忽视这一点，他们总是喜欢用自己的意志控制孩子，命令他们做事情，而不注意对孩子的引导。如此一来，孩子不管做什么事情老是按照家长的吩咐去做，而不是出于自己的意愿。如果这样的方式让孩子产生了厌恶的感觉，就很难再进行改正，无论家长吩咐孩子做任何事情都会遭到孩子的抗拒。因此家长应该采取和以上所述相反的教育方法，将孩子最喜欢的游戏，当成任务强迫去完成。如此一来，孩子就有很多时间去玩游戏，过不了多久孩子就会厌恶游戏，将兴趣转到学习中来。这样的方法比单纯地禁止孩子玩游戏好得多（因为禁止的效果往往适得其反，反而让孩子更加喜欢玩游戏）。这个办法的效果也比惩罚好，只要让孩子的心理得到满足（饮食除外，因为暴饮暴食会损害孩子的身体健康），孩子就会慢慢地产生抑制情绪。

孩子天性活泼好动，作为一个成功的教育者，怎样才能把孩子的这种天性引入他们喜欢的事上，让他们从事更有价值的活动，想实现这样的目标，就要把孩子们准备去做的事情当成一种游戏，而不是让他们当成觉得乏味的任务。孩子不喜欢受人指使，因此，教育者在对孩子进行教育时，应当采用间接的办法。比如孩子在写作业的时候，总是想玩游戏，教育者发现后，不应该斥责他，让他玩，直到他玩腻为止。这样，孩子就会主动地去完成你交代的任务，并且把你交代的事情当成娱乐。这个时候如果教育者在把希望孩子们做的事——比如把学习当成是对孩子玩游戏机的奖励，孩子一定会非常开心地去做。

无论儿童做什么事情，都是宣泄他多余的精力，所以只要任务不断出现，孩子就不会有任何的感觉。他之所以会把一件事情看得比另一件事情更重要，多半是因为这件事是旁人在意的。因此，如果教育者把某件特定的事情当成奖励让孩子去完成，那么孩子也会真的把这件事情当成是奖励。只要懂得这个规则，教育者就可以自由掌控是用学习来奖励孩子，还是用玩游戏机来奖励孩子，其他事情上也可以以此类推……对孩子教育的技巧就是把让孩子应当去完成的任务，变得像游戏一样轻松愉快，让孩子自己从中选择去做他的家长或其他教育者希望看到的事情。在这样的情境下，只要把孩子培养好，那么其他孩子就会跟着模仿，形成良好的风气。

18. 填鸭式教育对孩子不利

调查发现，很多家庭并没有采用恰当的方法，在教育孩子的方式上，不少家长都存在错误的观念，或者一厢情愿地从自己的喜好出发，或者出于功利心理，看见某个明星走红，就送孩子去演艺班；看见谁在奥运会上得到冠军，他们就送孩子去搞体育。这样不停折腾，不但耗费大量的金钱、时间、精力，并且孩子也没能得到相应的教育，反而白白浪费孩子的天赋。

一个成功的教育者应该懂得对孩子们的教育是一门高深的学问，必须要遵守一定的规律和方法。而现在大多数孩子接受的仍然是填鸭式的教育方法，很多时候孩子所接受的观念和思想都是被强制灌输的，孩子根本没有发挥自己的主观能动性，更不会运用自己的理智去进行是非判断。这样教育出来的孩子，无论其长辈多么出色，他都只是一个复制品。家长们在教育孩子时很少考虑孩子自身的想法，而只是一厢情愿地把自己的观念强加给他。

只要一个孩子心智正常，那么，配合一定的教育模式，采用恰当的方法，也能慢慢地把他培养成为对社会有用的人。但是调查发现，很多家庭并没有采用恰当的方法，在教育孩子的方式上，不少家长都存在错误的观念，或者一厢情愿地从自己的喜好出发，或者出于功利心理，看见某个明星走红，就送孩子去演艺班；看见谁在奥运会上得到冠军，他们就送孩子去搞体育。这样不停折腾，不但耗费大量的金钱、时间、精力，并且孩子也没能得到相应的教育，反而白白浪费孩子的天赋。

19. 如何应对孩子的贪婪

小孩子在幼年时做的每一件事，都可以培养他正直的人品、高贵的个性为目标。所以，任何会让孩子养成不良品性的事，都应当杜绝。

我以为，小孩子不应当没有玩具玩，相反应该有很多玩具，让孩子们在玩的过程中培养各种天赋和能力。作为教育者，应培养孩子多玩玩具，但与此同时，要对他们玩的过程进行严密监督，每次只能让孩子选取其中一种玩具，并且在他们没能归还时，不能得到第二种，这样可以培养孩子从小善于管理自己物品的好习惯。但如果教育者把所有的玩具统统给孩子，就不会让孩子学会珍惜，而一味铺张浪费。

或许，在一般家长看来，管理孩子的玩具是一件非常微不足道的事。但教育者应当认识到，任何一件影响孩子心智发展的事都不是小事，特别是这种能培养孩子习惯的事，一定要给予相当重视；或许这个细节十分微小，但却会对孩子一生产生重大影响。

家长们必须引起足够重视的是，虽然应多给孩子一些玩具，却并不意味着应该多给孩子买玩具，因为如此反而会让孩子养成侥幸和贪婪的坏习惯，让孩子变得更加懒惰，什么都不想付出，却总是想得到更多，从不知道感恩与满足。有些家长为了让孩子开心，经常会给孩子买各种新奇的玩具。其实，这样做对孩子并没有任何益处，反而会让孩子更加自大、贪婪与虚荣。我就认识这样的一个儿童，他拥有许多的玩具，每天要求女仆给他仔细打理，一遍又一遍，令佣人十分头痛。而孩子却觉得自己拥有的还不够，总是想方设法要从家长那里得到更多，充分表露出孩子的贪婪。

如果不再给孩子买新的玩具，孩子的玩具又从哪里来呢？很简单，提倡让他们自己去做。在孩子还没学会自己制作玩具之前，不要轻易让他们拥有精致的玩具。一张彩纸，一颗石头，或者一颗核桃，在孩子眼里，和那些从商店里花许多钱买来的玩具并无任何不同，并且寻常的物品还不容易损坏，在孩子眼里也不见得就会很差。孩子小时候，不管什么样的玩具他都会玩上很久；当他再长大一些，家长如果不溺爱他们，不给他们买，孩子就会想办法自己去做，把充电器当成吊针，棍子当剑。孩子会运用自己的聪明才智与动手能力。如果孩子有这样的意愿，教育者应给予鼓励。并且孩子会懂得，倘若他什么都不用做，只一味希望获得现成的玩具，那他会什么都得不到。教育者应当在孩子努力实现自己愿望时给予他鼓励，这会比给孩子玩具更让孩子觉得开心。当然，有些东西不能自制，必须购买，教育者也应当注意，就算要给孩子买玩具，也不要做得太圆满。你给孩子买了样玩具后，剩下的配件可以由孩子单独去做好。如此一来，会让孩子学会依靠自己努力去获得自己喜爱事物的习惯，从而容易满足，减少他心中躁动，可以让他集中心思，全神贯注为目标努力。而这些良好的品格对他的人生将大有益处，越早培养对孩子益处越大。

小孩子在幼年时做的每一件事，都可以培养他正直的人品、高贵的个性。任何会让孩子形成不良品性的事，都应当杜绝。因为孩子所做的任何一件事，都会常常留在他的脑海里，留下心理阴影，让孩子养成不良习惯，因此，作为教育者，一定不能让类似的事情发生。

20. 让孩子痛恨撒谎

　　教育者必须从孩子很小的时候就阻止他说谎，并且要抓住机会，在孩子面前反复讨论那些和说谎有关的事例，同时表现出厌恶，让孩子深深懂得说谎是一种不明智的行为，是一个人一生中最大的耻辱。倘若一个人经常说谎，就会让自己落入尴尬境地，和地痞流氓没有任何区别。

　　说谎是人类恶劣的天性之一，人们总是用说谎来隐饰自己的错误。在现代的社会里说谎的现象时而发生，因此很难制止孩子学会说谎。在社会活动中说谎是一种恶劣的品性，也是导致许多事情恶劣的根源。教育者必须从孩子很小的时候就阻止他说谎，并且要抓住机会，在孩子面前反复讨论那些和说谎有关的事例，同时表现出厌恶，让孩子深深懂得说谎是一种不明智的行为，是一个人一生中最大的耻辱。倘若一个人经常说谎，就会让自己落入尴尬境地，和地痞流氓没有任何区别。在说谎的事情上，教育者不能当成普通错误对待。如若孩子反复说谎，则要严厉训斥，同时要让家中成员表现出一致的失望，从而让孩子深切认识到自己的错误。

　　想要进入上流社会的绅士，或者已经获得一定社会声望的人，都对说谎这种行为深恶痛绝。教育者第一次发现儿童说谎，必须做出强烈的反应，而不能只是当作普通的错误来改正。倘若孩子重复说谎，作为教育者应当严厉训斥他；同时，让家里每一个人都对孩子表现出失望。倘若用这样的方法还是无法让孩子改变说谎的习惯，就可以对孩子进行鞭打。因为孩子已经养成说谎的恶习，就不能让孩子免于责罚。

21. 大多数孩子都会说谎

家长都不允许孩子说谎，但大多数时候家长因为想躲开来客，就会让孩子告诉客人自己不在家；或者有家长不喜欢的客人来访，家长反而会让孩子表现出极大的热情。这样就会让孩子感到困惑，对孩子的心理造成很大的困扰。

下面的实验研究可以证明孩子为什么会说谎。研究者把一个孩子单独放在实验室内，在他们面前的桌子上单独放上一张扑克牌，并警告他们不准偷看。人们发现当实验者离开后，孩子们大多数都会不听劝告，偷看了扑克牌。其中，两到三周岁的孩子当中，有60%的孩子偷看了扑克牌，并且坚决不承认；而六岁以上的孩子则有90%都偷看了扑克牌。

这个实验结果与其他专家研究的结论一样，说明家长们一方面对孩子说谎的行为十分厌恶，但有些时候又极其欣赏。

心理学教授埃克认为："由于要求子女安排未来，控制情绪，理解别人的观点，这将促使孩子为了取悦父母而撒谎！"家长都不允许孩子说谎，但大多数时候家长因为想躲开来客，就会让孩子告诉客人自己不在家；或者有家长不喜欢的客人来访，家长反而会让孩子表现出极大的热情。这样就会让孩子感到困惑，对孩子的心理造成很大的困扰。儿童说谎的原因多种多样，但总结起来，大多数都是为了隐饰自己的错误，或者为了得到某东西。

22. 鼓励孩子诚实

教育者应当让孩子明白诚实坦白的益处，借以养成诚实无欺的习惯。但教育者应当注意，不可让孩子因为诚实无欺而受到责罚；而是只要儿童足够诚实，教育者应当给予他相应的鼓励。

出于自尊心，孩子往往不希望别人看到自己的过失，就像所有冒犯上帝的罪人们，想方设法找借口来掩饰自己的错误。这种情况已经近似于虚伪，如果反复使用，就会变成真的虚伪。所以，对孩子的这种行为，绝不可轻易放纵，但采取的对策却是羞辱好过动粗。倘若家长有什么重要的事要问孩子，而孩子只是随口敷衍，那么家长的态度就应当变得严肃；倘若孩子仍旧不当成一回事，而用假话敷衍，就必须对孩子进行惩罚。相反，倘若孩子知道错误并进行改正，家长应当大加表扬，并且原谅他犯下的所有错误，且无论他犯下的错误是什么。

教育者应当让孩子明白诚实坦白的益处，借以养成诚实无欺的习惯。但教育者应当注意，不可让孩子因为诚实无欺而受到责罚；而是只要儿童足够诚实，教育者应当给予他相应的鼓励。就算知道孩子其实是在为自己找借口，也不要去证实其中的虚假成分，而是要把他们所说的每一个字都当成真话，不表露丝毫怀疑，尽最大努力让孩子觉得他在你心中的形象十分完美。如果孩子一旦察觉他在你心中的形象已经被破坏，就很容易自暴自弃，并且产生对应情绪，如此一来，教育者就会完全失去对孩子的控制。因此，只要不是在鼓励孩子说谎，教育者都应当尽量避免让孩子觉得失去了你的信任。倘若孩子所言与现实情况有出入，教育者也不要去追究；但孩子若是因为说谎而受到惩罚，而且以后仍然选择说谎，就必须给予严厉的惩罚。因为之前犯这种错误时你已经警告过他，而孩子却一直在犯，说明他心存故意，教育者必须采取最严厉的手段进行制裁。

第九章　培养绅士淑女

　　每位重视教育的人，在为孩子进行全面考虑的同时，除给孩子足够的财富外，还应当注意。从以下四个方面对孩子进行培养：德行、智慧、礼仪和学识。

　　之前所说的所有方法，只是我所归纳出的。培养绅士淑女的一般方法，也许这套方法已能对孩子教育的整个过程产生影响，但我并不觉得，已经把各年龄阶段孩子的特点或者对不同性格特点、不同气质，对不同天赋的孩子所采用的不同教育方法，都已经进行了概括总结，而只是大致提及，接下来要进行的，是更为仔细的比较与分析。考虑到教育所牵涉的各个方面，以上四项标准有各自独立的内容，但又互有关联，因此在下文中并没有过于严格的区分。

　　我要再次重复这些名词和它的相关用法，倘若此前，我与各位家长已然达成共识，那么正文中将再次用这些语言进行沟通，以让家长们明白如何才能培养出一个真正的淑女或者绅士。

1. 保持孩子心灵的单纯

　　倘若孩子听到有关妖魔鬼怪的传说，而吓得无法入睡，父母就应当好好地安慰，消除孩子的恐惧心理。这件事情绝不可拖延，而且是越早进行越好。

　　判断一个人是不是绅士，主要依据四个标准：德行、智慧、礼仪和学识。作为一个合格的绅士，四项品德之中，德行是第一位的，也是最重要的。如果一个人想得到别人的尊重和欢迎，让别人对他满意，至少要让表面过得去。德行是最为重要的，如果一个人缺少德行，就无法获得相应的信服。

　　当孩子们年幼时，教育者应当保持孩子心灵的单纯，不能让他们对神灵鬼怪有任何的印象或者产生信仰，更要让孩子学会不恐惧黑暗。就算不害怕黑暗，但是当他们长大到一定年纪仍然会对黑暗恐惧。家里的佣人也会给孩子讲妖魔鬼怪的故事，用以吓唬孩子，试图让孩子变得听话。如果长期这样做，就会让孩子独自的时候或者身处黑暗里感到害怕，教育者必须有高度的重视。因为上面的方法虽然可以在短时间内使孩子变得听话，但它带来的严重后果，却比孩子因为顽皮而不断犯下的错误还要严重，会大大遏制孩子的想象力，并且让孩子更加害怕妖魔鬼怪。邪恶的思想一旦进入孩子单纯的心灵，必定会产生强烈的恐惧经验，并且让孩子印象深刻，无法磨灭。孩子一旦产生对妖魔鬼怪恐惧的心理，他的脑海里就会不断浮现出各种幻象，当孩子没人陪伴或者孩子独自一人身处黑暗之中，就会变得格外胆小。而这种胆怯和懦弱，一旦在孩子心中扎根，就会让孩子一生之中都害怕黑暗，害怕恐惧，甚至不敢面对自己的影子。

　　有些在小时候受过恐吓的成年人告诉我，他们因为在小时候受到恐吓，使得他们长大以后，虽然能控制自己，但是，那种恐惧感还是会经常冒出，让他们产生不必要的恐惧，甚至干扰他们正常的生活和工作。根据这种现象，我们可以看出一旦让孩子产生恐惧的心理，再去改变它就会变得非常困难。

　　孩子因为心灵单纯，所以会对儿时的印象非常深刻。有一个患上神经错乱的人，整天衣冠不整，言语不清。周围所有的孩子都取笑他，讥笑他。有一天这个人就从路边一家商店里取出一把菜刀追着一男孩疯狂砍杀，孩子吓得转身就跑，跑得比兔子还快。疯子穷追不舍，可是当男孩准备跑到自己家躲起来的时候却发现家门被牢牢地拴住。于是，男孩子赶紧打开门闩，冲进家里回头看时，却发现疯子已经追到家门口，疯子举起菜刀。眼看菜刀就要砍到孩子的头上，孩子立即拴上门转身避开，躲进了门内。

虽然侥幸捡回一条命，但是孩子失魂落魄。从那以后，每次他进家门的时候，都要回头望望。

如果孩子从来没有受到坏的影响，那么不管是白天还是黑夜，孩子都不会感到害怕。孩子会觉得，可以安静入睡的夜晚也很可爱，就像是白天一样。倘若孩子听到有关妖魔鬼怪的传说，而吓得无法入睡，父母就应当好好地安慰，消除孩子的恐惧心理。这件事情绝不可拖延，而且是越早进行越好。父母应当心平气和地告诉孩子，上帝所创造的所有事物里，就包括宁静的夜晚。因为只有在宁静的夜晚里，人们才可以安然入睡，以此补充白天里失去的能量。因为有了上帝的保护，黑夜才不会伤害到我们。而那些有关妖魔鬼怪的传说，我们最好不要在孩子面前提起，以免引起孩子的恐惧心理。

2. 注意孩子可能产生的邪恶

家长还应当及早让儿童学会爱别人，诚实地对待别人。事实上，世界上大多数的不公平，都是因为人们很多时候太爱自己，而不会尊重他人、怜悯他人所致。

想培养孩子的德行，除让孩子保持单纯，另外就是要让他学会诚实，懂得如何诚实地说话。不管采用什么样的方法，都应当让孩子明白，许多过失虽然都可以得到谅解，唯有扭曲事实，用漂亮的话语掩盖自己的错误，是绝对不可宽恕的。

家长还应当及早让儿童学会爱别人，诚实地对待别人。事实上，世界上大多数的不公平，都是因为人们很多时候太爱自己，而不会尊重他人、怜悯他人所致。

3. 父母是孩子的第一榜样

因为小孩子的心灵非常单纯，教育者播下思想的种子，就会收获行为，播下行为的种子就能收获习惯，播下习惯的种子就能收获品德，播下品德的种子就会收获命运。

对孩子的教育越早越好，普林斯博士曾说过："孩子的品德的培养应该从婴幼儿时期就开始。在现代社会里人们缺乏的不是聪明的头脑，而是优良的品德！"因为进入社会以后并没有任务一家机构是专门培养人们品德的，所以要让一个孩子成为真正的绅士，这个艰巨的任务就落到了家长的身上。尤其重要的是孩子的母亲，如果孩子的母亲不注重培养孩子的品德，她就不是一个合格的母亲。

能够把品德、健康都合为一体的人才是社会需要和合格的人才，如果社会只需要体育，那么培养出来的孩子只会有匹夫之勇；如果只注重孩子的才能，不注重体魄的训练，培养出来的孩子就会成为弱不禁风的病夫或者成为社会上的恶霸；如果只注重孩子的品德，而不注重孩子文化和体育方面的训练，有可能让孩子成为懦夫。以上三种人无论是对社会还是对人类都无法起到相应的作用，因此对孩子的教育应该从这三方面全面发展。

小孩子是父母的影子，因此为了培养出有品德的孩子，家长的言行应当谨慎得体，处处成为孩子可以学习的典范。孩子的品行是好还是坏，很大程度上取决于家长对他进行的早期教育。从另一个方面说，孩子还是父母的翻版。比如，如果母亲喜欢打扮，那么她的女儿也肯定爱美；如果母亲喜欢搬弄是非，那么她的女儿也必定牙尖嘴利……倘若孩子的父亲是酒鬼，那么他的儿子也很容易爱上喝酒；父亲爱说脏话，那么他们的儿子也不会高雅到哪里去。这已经成为家庭教育中潜在的规律。

从大多数现象可以看出，因为小孩子的心灵非常单纯，如果教育者播下思想的种子就会收获行为，播下品德的种子就能收获命运。儿童的命运大多数都掌握在他们父母手中，如果他的父母能严以律己，做孩子的榜样，努力培养孩子的品行，为孩子的前程做好准备，就能让自己成为一个优秀的人物，因为世界上再没有比父母更伟大的人物。

4. 品德的必备要素

品质的土壤是自尊心，如果一个人失去了自尊心，其他所有的品质就会被瓦解。一个社会上正常的人之所以会变成醉鬼、乞丐、赌鬼和盗贼，都是因为失去了自尊心和自信心。

勤恳是人类品行中一种良好的习惯，它是幸福的源泉。相反，懒惰是万恶之源。如果儿童的精力不是用于正确的方向上，那么迟早会成为一种巨大的破坏力量，给自己和家庭带来不幸。俗话说："恶魔总是借助懒人的手去做坏事！"这个道理适用于所有儿童。

儿童的另一个重要的品质是自我管理能力。有一句话是这样说的："所谓幸福的人不是随意支配金钱的人，而是随意支配自己的人！"这就像亚历山大大帝可以用铁蹄征服世界，却因为不能管束自己而死亡。所以培养孩子自我约束的习惯，才能保证他的将来可以获得幸福。

自我的约束能力与天生无拘无束的本性是相反的，所以应该从孩子很小的时候便开始培养，因为这是孩子将来获得幸福的基础。

另外，勇敢也是孩子应该具备的重要品德。有的母亲看到孩子受到一点伤害便去安慰他，这会让孩子变得更加脆弱。因而正确的方法是让孩子将注意力转到其他方面去，如此一来，孩子自然就会忘记痛苦。社会上有些人专门依靠别人怜悯生活，但是常言道："可怜之人必有可恨之处。"还有什么人能比毫无骨气和勇气更加悲惨吗？家长应当教育自己的孩子绝对不能成为这样的人，也不能让他成为既无同情心也无怜悯之心的冷漠的人。

在日常生活中，家长们应该注意不能随意说脏话，因为这会对孩子造成十分不利的影响。

如果家长想让孩子变得讲文明懂礼貌，那么家长对孩子也要经常用到"请""谢谢"等礼貌用语。因为孩子都是通过行为来成长的，因此一定要注意在家庭中不能使用粗暴的语言。

品质的土壤是自尊心，如果一个人失去了自尊心，其他所有的品质就会被瓦解。一个社会上正常的人之所以会变成酒鬼、乞丐、赌鬼和盗贼，都是因为失去了自尊心和自信心。综上所述，家长们一定要认真培养孩子的自尊心，所以应该避免在他人面前提及孩子的短处。

5. 为智慧做准备

世界上所有人都不能做到让身边任何人看不出其诡计，倘若一个人的诡计被人看透，那么所有人都会讨厌他，一致联手来对付他，让他变得一文不值。而那些坦诚、公正和真正拥有智慧的人，会得到别人的尊重和支持，这样他就可以得心应手地从事任何事情并获得成功。

智慧是让一个人能拥有能力和远见以及处理事物的素质，是因为善良的天性和后期的努力和经验结合而成，所以他并不是一个孩子能够轻松达到的境界。教育者应当为培养智慧做好准备，要阻止让孩子变得狡猾，因为狡猾越是模仿智慧，它离智慧就越遥远。和真正的智慧相比，狡猾就像一只猴子，虽然和人类的外表很相似，却没有的人类的内涵，因而看起来显得更加丑陋。

缺乏真正的悟性以至于不能很好地完成目的，就会采用计谋和欺骗的方法来达到目的，这样的行为就是狡猾而不是智慧。通常像这样通过不择手段使用诡计的人，只能占一次便宜，以后会永远吃亏。因为不管多么高明的诡计都不可能万无一失，也不可能一直欺瞒别人。

世界上所有人都不能做到让身边任何人看不出其诡计，倘若一个人的诡计被人看透，那么所有人都会讨厌他，一致联手来对付他，让他变得一文不值。而那些坦诚、公正和真正拥有智慧的人，会得到别人的尊重和支持，这样他就可以得心应手地从事任何事情并获得成功。家长应该让孩子把精力用在正当的事情上，千万不要让他们接近虚伪或者有大量虚假的学问，只有这样做才能让孩子学习到什么才是真正的智慧。至于其他方面，也不是一个孩子能在短时间内能完成的。必须让孩子觉得学会经常和其他人交流，才能学到其他人的气质和心机。作为教育者，不能希望孩子急躁地拥有这些知识。在漫长的岁月里，所做的一切，都是为了孩子将来成功打好基础。让孩子学习诚实、稳重的品格，懂得随时反省自己的行为，那就是最好的培养。

6. 美德的外在体现在礼仪上

有些时候，家长也应当拿出行动。特别是别人期待我们走出来的时候，我们一定要自信、从容地表现出来，千万不可以惊慌失措。一个成熟的人应当适当地尊重所有人，尤其是那些有身份和地位以及年长的人，但是也不能过分的谦卑。

绅士的第三种美德是良好的礼仪，是否可以做到这一点，我们可以从下面两方面来判断。相对礼仪而言，以下两种是非常不可取的，一种就是过分谦卑，另一种是傲慢自大。家长要避免发生这两种情况，就要遵循以下两个原则：第一不要轻视自己，第二也不可以轻视别人。

人们不应该将自己想象得太过美好，过高地估计自己；更不应该因为自己具备的长处别人没有，就觉得自己很有优势。而我们该做的是各得其所、安分守己，应当谦逊地接受别人给予我们的评价，而不是过分地表现自己。但有些时候，家长也应当拿出行动。特别是别人期待我们走出来的

155

时候，我们一定要自信、从容地表现出来，千万不可以惊慌失措。一个成熟的人应当适当地尊重所有人，尤其是那些有身份和地位以及年长的人，但是也不能过分的谦卑。孩子在陌生人面前或者长辈面前有些羞怯，家长应该在这个时候对孩子进行实时训练。如果家长没有在这个时候抓住机会对孩子进行实时训练，那么当孩子长大之后，看见陌生人或者长辈他们仍然会觉得腼腆不安，仍然什么事情都做不好；或者你让他去跟别人交流，他也会说得惶恐不安或者身感不自然。如此一来，孩子自然没有办法得到他人的喜爱。要想纠正孩子的这个缺点，特别是要与上流社会人士多加接触，以此来提高自己。

7. 学会避免礼仪不周

父母应该让孩子学会观察那些真正有教养人士的言行举止，并鼓励他们认真学习。

以上所说的一切，都是让人们不要在他人面前因为过分自信地表现自己，从而乱了方寸。相比以上情形，另外一种情况就是做事的人太过在乎别人的感觉而巴结奉承。这两种情况都不是真正的礼仪，也不符合礼仪的规则。为了避免这两种情况的发生，我们必须培养出相对的心理：第一种是希望别人从与自己相处的过程中觉得快乐，第二种要用能够让他人觉得愉悦的方式来表现这种心情。只要拥有了这样的心情，人就会变得很优雅和很从容，而且受人欢迎。恰当的方式是指神态、声音、言辞、动作和姿态都显得温文有礼；如此得到朋友们的一致赞扬，而朋友们会在和我们交谈中觉得舒适和愉快。这是一种很好的方法，会让人从内心深处觉得快乐。要孩子学习掌握这样的方式，就要让他们观察那些真正有教养的人的言行举止，加以学习和揣摩。至于优雅的心情，是指对所有人都怀有善意和尊重，他能让一个人不因为举止上的表现欠佳而受到他人的冷落和不敬，使一个人能够按照上流社会的风尚和礼仪、根据每个人的身份和地位表达恰如其分的尊重。优雅的心情会让一个人自然而然地表露出符合他本性的举止，让每一个与他接触的人都觉得非常舒适。因此，父母应该让孩子学会观察那些真正有教养人士的言行举止，并鼓励他们认真学习。

礼仪不周的缺点，大致分为以下四种：天性粗暴，态度傲慢，喜欢为难别人，刁难别人。这四种性情与刚才所说的典雅的社交礼仪是完全相反的，应该引起家长们的注意，一定不能让孩子受到这些坏品德的影响。

8. 粗暴，轻视和为难别人，都是不对的

之所以要大力地提倡礼仪，很大程度上是为了让人与人之间能更好地相处。

天生粗暴、生来脾气暴躁的人对旁人不会表现出尊重，更不会尊重他人的倾向和社会地位。一个纯粹粗鲁的人，他不会思考怎样做才能让人觉得愉快，而他的言行又如何让人不快。在社会上，经常有一些衣着鲜亮的人，不论遇到什么事，都会一味加以反驳。他们会无端放纵自己的个性，对他人的言行举止胡乱干涉。这其实是一种粗暴的行为，会让很多人觉得痛苦，并且感觉深深不安。如果一个人想在他人心中留下好的印象，就要注意改正这种行为。之所以要大力提倡礼仪，很大程度上是为了让人与人之间能更好地相处。

如果一个人轻视对方，或者看不起对方，非常轻易地就能从他们的言行举止中看出来。无论对任何人怀有轻视，都会从言行举止中表露出来。

故意刁难别人，放大他人缺点，这也不符合任何礼仪。不管人们犯下什么样的过失，或者有了不好的想法，总是不愿当着他人的面来宣扬。任

何有缺点的人都会觉得羞耻，而如果旁人知道他的缺点，那当事者会更加难堪。揶揄是为难别人最好的方法。揶揄之辞通常极富趣味，还可以逗乐所有人。所以，在普通人看来，觉得它不算是不礼貌的行为，而一些有身份地位的人，也会经常运用这种说笑的方式，因为大家都喜欢听这样的话，并且局外之人还会笑以附和。但他们应当仔细地想想，所有人都是以被嘲笑者的尴尬为代价，而被取笑者心里一定会十分不痛快。除非被揶揄的事情本身是一件比较光荣的事，在这样的情况下，取笑除了嘲讽，还有一些赞扬的意味，能让被取笑的人和所有听众一起快乐。当然，这样的情况会是少数，并且所采用的技巧也不是每个人都会。因此，对那些初入社会，并且不愿招惹任何人的年轻人而言，一定不要使用嘲讽的方法去对待旁人，以免在旁人心里留下阴影。

除了略带善意的嘲讽外，当面对他人进行反驳，也是一种为难，更是不礼貌的行为。我们提倡尊重他人，并不意味人们无条件接受他人的所有言论，也并不是说不管听到什么话也不去反驳；反而，反驳他人意见，及时纠正他人错误，有时也是为了尊重他人及对他人负责。所以，只要利用的方式方法适当，也不会轻易地冒犯他人。但有些时候，我们可以见到一些人总是喜欢无缘无故地冒犯所有人，一切以自我为中心，从自己的好恶出发，无论他人提出什么样的理论，都一概反驳，让对方觉得非常不愉快。对他人进行反驳，很容易引起他人的误会，因而话一定要说得非常温婉，要用你的诚意去打动对方，让对方明白你只是在就事论事，绝没有其他的意图。只有这样，才能在赢得辩论的同时，也得到他人的尊重。

9. 刁难别人，也是不对的

只有懂得如何让对方觉得舒服，同时也让自己保持相应的身份，使自己与对方处于平等的地位上，才算是掌握了为人处世的艺术，都会时时处处得到他人尊重。因此，养成良好的礼仪习惯，对孩子和青年都十分重要。

责难是和礼仪相悖的过失，责难时说的话和态度都显得非常冲动，这种太过明显的暗示，会让人觉得非常不快。无论在任何形式的聚会上，只要一个喜欢存心刁难他人的人出现，就会让所有人觉得非常不愉快；而且，只要出现这样的情形，整个和谐的场面就会被破坏。

人之所以不断地追求幸福，就是希望自己活得更快乐。所以，懂得礼仪的人，往往比有智慧、有才干的人更令人尊重。从另一个方面来说，朋友的诚挚善意，及他（她）给予的帮助，常常不能很好地抵消他在表达方式上的严肃和冷漠。人们之所以关注权力、财富与操守，是因为它们能让人更为幸福和满足。因此，我们就算有时候帮助了他人，也可能会因为表达方式上的不正确，无法让人觉得愉快，从而无法让人获得幸福与满足。

只有懂得如何让对方觉得舒服，同时也让自己保持相应的身份，使自己与对方处于平等的地位上，才算是掌握了为人处世的艺术，都会时时处处得到他人的尊重。因此，养成良好的礼仪习惯，对孩子和青年都十分重要。

10. 礼貌的尺度

要让自己的言行符合礼仪规范，同时又尽量不让人觉得是伪善和谄媚，需要学习十分巧妙的技巧，更需要仔细观察那些有一定社会地位和处世经验的人。

太过谦和也会违反礼仪，会让人觉得是在奉承和巴结，或令人觉得那是对他的嘲讽，让人家反感。之所以要学习良好的礼仪，就是为了更好地与别人进行交流，让人与人之间的关系更加和谐。孩子们通常很少犯过度礼仪的错误，但如果发现孩子有这样的行为，应及时予以纠正。在社交活动中，一个真正的绅士，应当对每个人表现出恰当的尊重，以表示你的诚意、善意与尊重之意，从而也得到他人的尊重。

要想掌握这种社交艺术，就要让自己的言行符合礼仪规范，同时又尽

量让人不觉得是伪善和谄媚，需要学习十分巧妙的技巧，更需要仔细观察
那些有一定社会地位和处世经验的人。

11. 别让儿童陷入无谓的繁文缛节

父母可以在对孩子的教育上相应放宽尺度，也许在注意礼节的人看
来，这是相当不恰当的，我却觉得无足轻重，可以通过时间、引导及社会
实践完成。

所有人都青睐那些有教养的人，称赞他们的行为，以及他们所受过的
教育。但我也说过，不应当让孩子陷入无谓的繁文缛节之中，只要成年人
反复对孩子强调谦逊与善良的品质，孩子自然不会缺乏礼貌。实际上，礼
仪是俗成的约定，可以让人与人之间变得更为和谐。

这种约定俗成的方式，在各个国家与地区之间，是完全不同的，就像
语言一样。因此，对儿童进行单纯说教，无疑是毫无作用的，就像让一个
说英语的人，去掌握葡萄牙语的规则一样，不管你对一个孩子灌输多少思
想，他最终受影响的，是他人朋友圈子。比如，如果和你孩子在一起生活
的是农夫，并且和他一起玩耍的也是农夫的孩子，无论教育者如何引导，
他也不会变得比绅士更优雅。因此，在礼仪这一方面，应该是等孩子长到
一定年纪，再请一位优秀的教师来进行引导。首先，这位教师一定是位饱
读诗书、知礼守仪之人，才能成为孩子的表率。如果孩子致敬鞠躬方面的
姿势不标准，无关紧要，只要孩子有一颗谦和的心就成。如果家长能在孩
子年幼时就让他学会和懂得如何尊重他人，那么当儿童长大后，自然会掌
握标准礼节，从而广受他人欢迎。互于行礼的动作和仪态，当孩子长到一
定年纪，老师都会仔细地教给他。因为孩子年纪还小，所以一般的人也不
会过分苛责，父母可以在对孩子的教育上相应放宽尺度，也许在注意礼节
的人看来，这是相当不恰当的，我却觉得无足轻重，可以通过时间、引导

及社会实践完成，而不必过于苛责儿童。（实际上，这样做的家长不在少数。）只有孩子的表现太过顽劣，家长才应当采取规劝或羞辱的方式去进行纠正。

12. 教孩子别随意打断别人的谈话

普通人一旦开始热烈讨论，往往无法控制自己的情绪，很容易忘记应当保持的礼节，变得急躁。对于他人的这种行为，人们通常会生出反感，而当相同的事发生在自己身上时，我们却经常不以为意。

虽然孩子不必因为没能太遵守礼仪就受到指责，但是年轻人却有一种共同的缺点，在谈话时喜欢随意打断他人的话头，甚至不去听人家接下来说些什么，就着急地去答复或进行反驳，显得十分鲁莽并且愚蠢。这种言行会透露出一种信息：你的话让我很厌烦，请你别再说下去；并且我认为大家也不喜欢听你的话，请你闭嘴，我来说些大家喜欢听，爱听的话。其实这是一种非常不礼貌的行为，十分容易惹怒对方。通常，所谓的插嘴都是指这样的情况，在别人谈话的时候，突然插进话去，纠正他人的错误，或者反驳他人意见。旁人这样无礼地插话进去，显示自己有学问，或者高高在上，很容易让人觉得厌恶。

我的意思也不是说当别人的谈话和我们意见相左时，我们就不能表达任何的意见，更不能说出自己的想法。如此一来，就失去了社交的意义和乐趣，而且无法从真正有智慧和才能的人那里学到知识。聪明人之间进行辩论，往往能够发现事情更多的真相。倘若当你一个人发表言论后，剩下的人全部表示赞美和赞同，那谈话就没有任何意义。我并不是说不应当在交谈中发表反对意见，而是说不要无端打断对方谈话，过分强调自我。教育者应当告诫年轻人，除非是有人提出疑问，或者采纳大家意见，或者有人发言完毕，再无人说话的情况下，不可半途插嘴；说话时也最好用请教的方式，不能太过粗鲁，缺乏礼貌；同时要注意自己说话的语气和速度，最好是在所有人不再说话之后，才可以就自己心中的疑问，向他人提出疑问和请教。

十分得体的态度，既不会掩盖说话者的才华，也不会降低他的身份，并且能让说话者得到更多的关注。应该引起说话者注意的是，在发表自己的意见前，说话者一定要加上几句对他人表示尊重的话，这样一来，哪怕他的言语再平淡无奇，口齿再怎么笨拙，也会引起在座者的注意，并且对说话者表示青睐。可以说，这样的做法表示了人生最大的智慧，比毛毛躁躁的做法要强得多。因为态度傲慢会在很大程度上削弱他人对你的好感，纵然观点再精辟，才华再高，也很难获得他人赞同。

教育者应当小心翼翼，注意不能让年轻人身上出现这种不好的习惯。即使在成年人当中，像这种喜欢随意打断他人说话、随意插嘴的人也十分常见，无论任何阶层都有。印度人之所以觉得英国人野蛮，是因为他们说话永远都十分彬彬有礼，从来不随意打断他人的话，更善于默默听取他人的谈话，并且在他人全部讲述完毕之后，才开口说出自己的见解，不急不躁，更不会大声吵闹。如果我们的文明还不能做到这一点，那么就应当让教育承担相应的责任，因为它还没有修正人类天性中野蛮的那一部分。不妨仔细想想看，如果有两个贵妇人，面对面坐在一间屋子聊天，忽然因为某个问题而起了争执，并且不断挪动自己的座椅，不一会儿，两个人便已经到了屋子中间，却依然彼此争斗不休，就像两只斗鸡，周围还有许多人在围观，可她们却浑然不觉，继续争吵个不停。仔细想想，这样的场景是不是很可笑？这其实是一件真实发生的事，是一位社会上层人士告诉我的，他当时也在场，却对整个事情觉得又是可笑又是无奈。

普通人一旦开始热烈讨论，往往无法控制自己的情绪，很容易忘记应当保持的礼节，变得急躁。对于他人的这种行为，人们通常会生出反感，而当相同的事发生在自己身上时，我们却经常不以为意。很多人因为清楚自己身上的缺点，因而下定决心要改变，但是因为从小没有受过这方面良好的教育，导致已经养成的习惯十分不容易改正，甚至无法改正。因此教育者应当在儿童还年幼之时，便花费精力培养孩子良好的礼仪习惯。

13. 朋友是陪伴孩子一生的人

常言道：父母陪伴孩子半生，朋友陪伴孩子一世。朋友会对孩子的一生产生十分深远的影响，甚至比父母教给孩子的一切都更持久。

之前，我们已经反复讨论过朋友和社交在孩子成长过程中所起的作用。社交并不仅仅是让人们掌握表面的仪式，更重要的是让我们深刻研究和讨论世界各国、各宗教团体的交往行动，从而明白人们不惜失去生命也要维护的某种精神，是出于本国流传的观念，以及日常交往中所诞生的情义，而非理智。我之所以选出这样的结论，只是想让大家明白，朋友和社交对你而言，有着十分重要的意义，而且非常重要。作为教育者，应当指导孩子如何正确进行社交，而不是被动地参与。通过仔细观察就会发现，世界上大多数发达的地方，其社交活动也相当频繁；而那些在人生中取得相当成就的人，在社交上往往也是成功的。常言道：父母陪伴孩子半生，朋友陪伴孩子的一世。朋友会对孩子的一生产生十分深远的影响，甚至比父母教给孩子的一切都更持久。

第十章　教育的过程

　　知识有两方面重要的作用：对于那些心地纯正的人来说，知识有助于德行和智慧的培养；而对心术不正或者个性顽固的人而言，知识只会让他们变得更加邪恶和愚蠢。

　　我把知识当成一个最后讨论的话题，或许会让读者觉得十分奇怪，但如果通过下面的解释就会明白，其实学问是品质中最不重要的。大家一定会觉得更加奇怪。不错，在许多人读书的观念中，我的言论实在是太离经叛道，因为所有家长为孩子所做的努力，即使并不是为了让他学到知识，也在很大的程度上是出于这样的目的；而在提到其他方面的问题时，大家更多关心的也只有一点，那就是孩子的功课。为了让孩子多学习几门功课，家长通常都会花费许多时间和金钱。这通常会带给人们错误的引导，那就是家长们太过注重老师手里的教鞭，并且把教鞭当成孩子教育的唯一法宝。而教育的作用就是孩子完成功课，多懂得几门外语。几乎所有人都以为这是最重要的事情，一个孩子就应该把他人生中最宝贵的时间去苦读功课。我却觉得这实在是没有必要，除非孩子愿意主动去学，否则就应该让孩子游戏和娱乐，在游戏和娱乐过程中去学他们想要的知识。对于我的观点很多人都表示怀疑，他们会惊奇地问：从游戏中能学到知识，这怎么可能？

　　但我仍然要说，因为我很难想象，一个好端端的青年被拉进课堂里，在教师的鞭打下，就像受刑似的通过各个年级，接受所谓的天才教育。虽然读书写字和完成作业是孩子学习的过程中必不可缺少的，但千万不可以混淆主次。学习知识并非是孩子教育的重点，如果一个人把知识看的比品德和智慧更加重要，那么这个人必定迂腐和不懂得人情世故。

知识主要有以下两个作用：对于那些心地善良的人来说，知识有助于智慧和德行的培养；而对于那些心术不正的人或者个性顽固的人来说，知识只会让他们变得更加邪恶和愚蠢。我在此反复强调这句话，并且请家长认真思索如何才能对孩子进行有效的教育，聘请适合他的导师，而不能像普通人那样只着重于知识的学习。当然知识也是孩子必须学习的功课，但成功的家长应当将它放到最后，只是把它当成一个辅助的元素。家长应当为孩子聘请一位知道如何耐心去指导孩子品性的老师，并且将孩子教导成能保持孩子的纯真和优点，温和地纠正他的缺点，并且让孩子养成良好习惯，这才是最重要的。只有清楚掌握这一点，才能让孩子通过健康的途径去学习他们想要的知识。

1. 语言是早期教育的关键

语言是提高孩子心智的最好方式，孩子一旦学会正确地使用语言，就说明他已经开始了理智的思考。

对孩子的教育应当从教他们识文字开始，因为文字是掌握所有知识的基础。所以应当尽早地让孩子明白，儿童很容易通过人人的谈话来掌握语言，所以自学的方式是不可取的。要想让孩子学会语言，家长不但要教他正确的发音，还要教他们词的含义。

语言是孩子早期教育的一门课程，对孩子一生有十分重要的作用。千万别教孩子不完整的话或者方言。但是生活中我们经常看到父母对孩子说话时的音节都是错误的，并以此为乐；不但不去纠正孩子说错字和别字，还鼓励孩子将错就错，造成很严重的误导，养成错误的语法习惯，时间一长将无法去改正。如果想把一门语言学好，那就要靠孩子的记忆和模仿。

语言是提高孩子心智的最好方式，孩子一旦学会正确地使用语言，就说明他已经开始了理智的思考。如果家长们让孩子使用错误的语言，那就会对孩子造成误导。倘若家长能教会孩子使用多种语言，则更有利于让孩子理解词义，进行思考。

2. 让孩子把学习当成游戏

家长们可以在玩具上贴上字母，让孩子一边玩一边学习，还可以找到许多方法让孩子把学习当作一种游戏和乐趣。

如果孩子们已经学会了说话，那么就应该教他们读书了。但家长们要注意的是千万不能将学习当成孩子们的任务，更不能让孩子将读书当成工作，这一点是很多家长都容易忽视的地方。我说过人类的天性无拘无束，热爱自由，如果他们觉得对某种事情厌恶，那么肯定是因为别人强加给自己的，而非出自他自己的本意。所以，我认为如果家长能够把学习当成是游戏，或者让孩子觉得学习是一种有趣的新鲜事，更或者将它当作行动的奖励，那么孩子就会很喜欢学习甚至自觉自愿地去学习。

下面的事例会很好地证明我的观念。在外国，我们可以看到孩子将读书和写字当成一种很时髦的事情，他们你追我赶学得十分专心，而生怕有人阻拦他们学习。我有位朋友，他的孩子早年在家的时候由母亲教导读书，但是这孩子很讨厌功课。我就劝他们换一种方式，不要让孩子将学习当成一种任务，故意在聊天的时候转移话题，说读书是长子的权利，因为那样使他学到更多的知识，成为一种受人欢迎的绅士，长大以后可以继承父母的家业。而至于其他的孩子，可以不必认真读书，让他们长大随便成什么人就可以了。孩子听到后深受刺激，从此开始认真主动学习，反而不需要他母亲的督促，还会自主地让佣人帮助学习。所以我觉得对那些不爱学习的孩子，可以采用这样的方法：首先要弄清他们真实的想法，再激励他们主动学习，从而让孩子把学习当成一种最大的兴趣，或者是荣誉去追求，而不是当成任务去完成。家长们可以在玩具上贴上字母，让孩子一边玩一边学习，还可以找到许多方法让孩子把学习当作一种游戏和乐趣。

3. 让孩子通过游戏了解世界

很多人一生中都憎恶书本，讨厌做学问，究其根本原因，是因为他们在本该天真玩乐的年纪里，被家长强制读书。这和孩子们吃多了不消化一样，反受其害。

小孩子的思维方式与大人不同，六岁以前的孩子并未发展出抽象思维和独立思考的能力，所以他们有很多知识都来源于具体的事物，而不是说理或者语言的描述，所以游戏是孩子们学习和了解这个世界的最好方法。

通过对游戏的观察，家长们可以时刻了解孩子们的需要，并且给他们协助。倘若孩子们在游戏中不断出现纷争，而他们却没有办法解决，这时家长就需要了解他们之间相处的情况，从而决定是否需要插手管理。

倘若孩子们在游戏中表现非常失落和消极，比如说我不会，我不好等话语，或者腼腆内向而不愿和别人交流，那么家长就该了解具体的原因，并鼓励孩子有适当的介入。因为家长对孩子的内心世界多了解一些，就可以更好地帮助孩子，让他们健康成长。

作为家长，除了时时刻刻关心孩子和伙伴们之间的游戏外，更重要的是要经常参与其中，比如和他们一起玩游戏，讲故事给他们听，这比一般的教育方法更有利于促进家长和孩子们之间的感情。

家长们随时随地都可以和孩子们一起游戏。比如家长带孩子一起逛街，也可以跟他玩"留神看"的游戏，不管路过什么地方都要问孩子：你看那里是什么东西啊？刚刚我们看到的那辆车是什么颜色的？以此来锻炼孩子的记忆力和观察力。

孩子需要的发展能力越丰富越好，所以家长可以针对孩子需要发展的方面来安排适当的游戏。比如，在孩子房间某个角落开设运动场，并给他配备出各种各样的器材，有用来悬挂的、敲打的、弹跳的，以此促进孩子们各方面的发展。倘若条件允许，也可以为孩子在房间旁边建一个大一点的游戏场地，铺些细沙，周围再种上一些花草树木。这样，纵然是下雨，草地的表面也会被晒干，不会弄脏孩子的衣服，孩子在这里可以自由自在玩耍。家长们还应该注重培养孩子们对大自然的感情，给孩子各种积木，让他们建造出各种建筑物。

孩子们最喜欢玩的是模仿游戏，因为模仿游戏可以有效地开发孩子们的智力，家长们应该让孩子玩这种游戏。比如带孩子看儿童剧，回家以后一起参加表演，如果角色不够可以用家里的玩偶或其他事物代替；不仅如此，一些精彩的童话，家长们也可以编成剧本让孩子来演绎。

孩子生性活泼好动，尤其喜欢那些感兴趣的活动。家长们应该尝试去玩孩子们喜欢的游戏，比如说蒙眼识物。这是孩子们都喜欢的游戏，家长们让孩子通过触摸来猜出各种东西的名字，这有利于锻炼孩子的触觉认知能力。

孩子自我控制的能力也非常重要。可以通过和孩子玩木头人的游戏，游戏的方法是从20数到60，数完后负责扮演木头人的人不许动，并通过这个游戏来锻炼孩子的形体和自我控制的能力。

动手组装也是非常有益的。比如用纸和布自己组装各种物品和玩具，可以很好地开发孩子自己动手的能力。在这方面可以操作的东西实在太多，可以用糖纸做蝴蝶，用纸张做小船，也可以用硬纸盒做各种城堡。鼓励孩子多动脑，通过自己亲自动手制作各种各样的玩具。这些游戏不但能锻炼孩子的智力和动手能力，而且还能让孩子玩得十分开心和快乐。

综上所述，家长应当让孩子在轻松愉快的环境长大，充分体验儿时的快乐而不是被书本和试题淹没。因为对一个人而言，童年只有一次，所以家长们请陪着孩子们一起欢快地度过童年；当他们长大后，就再也体验不了这种无忧无虑的快乐了。

很多人一生中都憎恶书本，讨厌做学问，究其根本原因，是因为他们在本该天真玩乐的年纪里，被家长强制读书。这和孩子们吃多了不消化一样，反受其害。

4. 掷骰子学字母

家长们通过平日仔细观察，就会发现孩子们需要花费很大的力气才能学会一种游戏，所以我们可以想象，如果那些游戏是被人强迫去玩的话，那么他们肯定会像讨厌读书一样讨厌它并排斥它。

家长们可以对所有玩具加以利用，将它们变成学习工具。例如，用硬纸做成字母卡片，并在上面写出 26 个字母，让孩子以抽签的方式去辨认，等孩子熟悉了这 26 个字母之后，再让孩子学会组合成各种单词。初时，父母可以一个人玩，并不邀请孩子玩，要让孩子觉得那是一种人人都喜欢的游戏。只要让孩子在旁边仔细观察一会儿，他就会非常想要加入。而教育者为了让儿童觉得这是一种受到别人喜欢才能加入的游戏，每次玩过之后，还要把道具锁起来，不让孩子触碰。这样一来，游戏就会让孩子产生神秘感，让儿童充满兴趣和期待。

倘若孩子已经掌握了 26 个字母，家长可进一步将字母换成音标，用同样的方法教育孩子们拼读。如此一来，孩子和家长都不会因为学习而感到烦恼。家长们通过平日仔细观察，就会发现孩子们需要花费很大的力气才能学会一种游戏，所以我们可以想象，如果那些游戏被人强迫去玩的话，那么他们肯定会像讨厌读书那样讨厌它并排斥它。我认识一个很有身份的人（这个人在德行和学问上的成就，比他的阶级和高贵的地位更加令人尊敬），他把六个元音标在一个骰子上，十八个辅音分别粘在另外三个骰子上，给他们的孩子当成游戏玩，谁可以用这四个骰子掷出的字母最多就能获胜。他们的孩子玩这个游戏以后，不但很轻松地就学会了拼读，而且从来没挨过骂，也没受过任何体罚。

我曾经见过几个小姑娘在一起不断地扔石子，十分专心地想把自己变成扔石子的专家。而我觉得这样的机会如果浪费掉会非常可惜。其实这种事情如果转变成一种学习的方法就好了。当然这都要怪成年人，因为他们忽视了这种让孩子学习的机会，如果成人去引导孩子将这种游戏变成一种学习的方法，那么孩子一定会觉得这种游戏很好玩，从而爱上学习。

粘在玩具上的字母不一定要太大，只要和《圣经》上的字母一样大就可以了，因为孩子一旦认识了这些字母，就会逐渐学会大写体。刚开始让孩子们玩的时候，自己的花样不要太多，如果太过复杂，孩子就会变得十分困惑。

倘若觉得用以上游戏的方法进行学习十分有效，那么就可以再发明出更多这样的游戏。但在我看来，上面所说的四种游戏既简单又巧妙，要找到其他更简单的游戏似乎不太容易，可以直接使用。

5. 要让孩子从第一本书便尝到读书的甜头

当孩子长到一定年龄就应该开始读书了，家长们应该去找一些他们感兴趣，并且简单易懂的书籍，让孩子从中得到乐趣，进而将其当作是从书中获得的奖励。

在前面的文章里，我们已经探讨了许多教孩子阅读的方法，基本的规律就是不要对孩子强制学习，更不要让他们觉得学习像是受到的惩罚，而是要采用循序渐进的方法。家长们宁可晚一点让孩子掌握阅读的方法，也不要太过于急于求成，而让他们对学习产生厌恶。倘若家长要纠正孩子错误的行为，只需要在大是大非方面去争，而不是在孩子掌握这些知识上去拼。

当孩子长到一定年龄就应该开始读书了，家长们应该去找一些他们感兴趣，并且简单易懂的书籍，让孩子从中得到乐趣，进而将其当作是从书中获得的奖励。父母为孩子们挑选的书籍，第一要注意内容是否充实。我个人认为《伊索寓言》就很适合孩子阅读，那上面的内容既有满足孩子兴趣的情节，又能提供一些故事；或者再去重读这些故事，就会学会许多做人做事的道理。倘若孩子没有读过这书，而是听旁人说起，那么他还是不会明白。这种思想只能从直接的视觉上去学习，所以我觉得当孩子们开始学习的时候，应当多给他们一些形象图片，让他们从感观上去认识。除此以外，《列那狐》（Reynard the Fox）也是一本适合孩子看的书。如果家人都常常给他们讲这些故事，那么孩子就会明白这些书本是有用的。在外国人当中流行这样一种做法，他们会在书本里夹上糖块，让孩子们去翻书寻找，从而让孩子们觉得书是甜的。而我所说的方法也同样能让孩子们感到快乐。一般人让孩子学习的方法根本就不注重对孩子的引导，所以让孩子很多年后才会明白知识的用处；而最开始的时候只会让孩子们觉得读书是时尚和虚荣，甚至觉得根本没用。

6. 孩子还不能阅读的时候可以反复地读给他听

要想让一个人明白和牢记书本上的内容，并不是让人反复阅读、死记硬背，而是在孩子们还没学会阅读的时候，让家长反复讲给他们听。但是千万不要将读书和背诵联系在一起，以免互相妨碍，当孩子学习的时候应当避免给他增加额外的负担。

一些《圣经》祈祷词，我们都会牢记于心，为什么不能用于学习中来呢？要想让一个人明白和牢记书本上的内容，并不是让人反复阅读、死记硬背，而是在孩子们还没学会阅读的时候，让家长反复讲给他们听。但是千万不要将读书和背诵联系在一起，以免相互阻碍，当孩子学习的时候应当避免给他额外的负担。

在英语学习中有类似情况，如果教育者想让儿童对学习产生兴趣，也可以让他去阅读相关的图书。但是从普通人家来看，所有对孩子的教育都是让孩子系统去完成的，而老师采用的方法是集体教鞭恐吓，逼迫孩子去学习，而课本上的内容和世界上种种观念一样注定被孩子遗忘。

7. 别让孩子读完全不懂的书

家长们也可以让孩子们经常阅读经典的诗词作品，即使孩子当时不懂，也能感受到优美的韵律。而另外一些孩子看不懂的书，就不要让孩子勉为其难去学习。

家长们喜欢让孩子读《圣经》来训练他的阅读能力。我觉得让孩子去读《圣经》毫无益处，无论是阅读方面还是宗教信仰方面，都找不到比这个还要笨的方法。一个孩子怎么可能从他们根本看不懂的书中去获得乐趣和教义?! 像旧约中的《摩西律》《所罗门颂》《预言书》以及新约中的《使徒书》《启示录》等，怎么可能适合孩子阅读呢?! 虽然《福音书》和《使徒传》里也不缺乏一些感人的故事，但整体来说对儿童十分不相称。我承认关于宗教的观念应该从《圣经》中学习，但其中只有适合儿童知识范围和理解的内容才可以让他们读，而不是全部强迫他去阅读。一个儿童如果盲目地去阅读《圣经》，那么他们只知道那是上帝的话，并不理解里面讲的意思，脑海里不会形成宗教观念。不少教徒终其一生也未能建立正确的观念，而这正是死读《圣经》的结果。

家长们也可以让孩子们经常阅读经典的诗词作品，即使孩子当时不懂，也能感受到优美的韵律。而另外一些孩子看不懂的书，就不要让孩子勉为其难去学习。

8. 如何锻炼孩子的记忆力

孩子一旦学会背诵经典，就能根据看书的能力，确定学习的时间，自行研究学问。当孩子将书里的内容融会贯通，并可以熟练地回答出和书籍相关的所有内容，就可以让孩子把多余的精力用来研究和学习礼仪规范。这样的办法能在很大程度上提高孩子的记忆力，并且让书籍的内容成为他们一生行事的指南。

关于培养孩子的阅读能力，可以进行深一步的探讨。很多经典书籍里都有适宜孩子阅读的部分，比如各种情节丰富的故事，以及那些教导人如何做人做事的格言。教育可以让孩子牢牢地记住，这样当孩子长大之后，可以把他们在小时候学习的知识运用到实践中去。让儿童死读书、读死书，是不可取的。应当让儿童学习那些对他而言能够理解的部分，并和实践相结合，让儿童对自己将来要做的事有一定深刻印象，并且循序渐进地进行实践，而不要去理会那些故意显示高深学问的、晦涩难懂的文字。

沃辛顿博士为了让他人更好地学习经典，作了一部《教义问答》。该书运用了《圣经》的原话，不失为一本以经解经的好榜样，其内容十分通俗易懂，很容易被孩子掌握。孩子一旦学会背诵经典，就能根据看书的能力，确定学习的时间，自行研究学问。当孩子将书里的内容融会贯通，并可以熟练地回答出和书籍相关的所有内容，就可以让孩子把多余的精力用来研究和学习礼仪规范。这样的办法能在很大程度上提高孩子的记忆力，并且让书籍的内容成为他们一生行事的指南。

9. 孩子如何学习写字与绘画

让孩子学会握笔之后，第二步就是学会怎样摆放手臂，以及有正确的坐姿。所有的预备工作都完成之后，就可以正式教孩子习字或者绘画了。

当孩子学会流畅地读译文之时，就可以教他们读书习字了。在这之前，首先要教会孩子正确的握笔方式，在教会孩子习字之前一定要让他们学会这点。无论学习任何事，都要一步步前进；倘若一件事必须要经过许多步骤来完成，就不要指望孩子可以一步做到。不仅孩子如此，成人也是一样。

让孩子学会握笔之后，第二步就是学会怎样摆放手臂，以及有正确的坐姿。所有的预备工作都完成之后，就可以正式教孩子习字或者绘画了。以后的步骤相对简单，只要给孩子字模，让他依样描绘，并且告诉孩子开始时应当从哪里着手，让孩子反复练习，要不了多长时间，孩子就可以完全掌握，并且书写自如。

10. 学画不是为了培养画家

之所以让父母教孩子绘画，是为了培养孩子的观察能力。因此，只要孩子学会简单布局，掌握相应的技巧，能够把简单的事物描绘出来就行。如果孩子有绘画的天赋，可以深入培养；如果孩子对绘画本身不感兴趣，就没必要再浪费时间。

当孩子已经能把字写得又好又快时，就可以教他练习绘画。很多时候，画画是非常有用的。比如孩子在外出旅游时，看到了什么新奇的东西，他们无法用语言表达，却可以用绘画的方式，不管看到多少事物，都可以通过绘画的方式，十分轻松随意地表现出来。如果是书写，则会费力不讨好，还会失去相应的趣味，让自己的描述不够全面。当然，我的意思是，并不一定要把孩子培养成艺术家，那样需要花费很大功夫。而且一个孩子要想成长为绅士，需要学习很多的东西，无法分出多余的精力。我之所以让父母教孩子绘画，是为了培养孩子的观察能力。因此，只要孩子学会简单布局，掌握相应的技巧，能够把简单的事物描绘出来就行。如果孩子有绘画的天赋，可以深入培养；如果孩子对绘画本身不感兴趣，就没必要再浪费时间。

速记也是一门应当掌握的技巧，如果孩子学会了速记，不但可以运用它迅速记录相应的事，还可以隐藏自己的秘密。几乎所有会写字的人，都愿意采用这样的方式，把那些自己不愿意告诉他人的事，逐一记录下来，还会创造出属于自己独特的语法。不过，作为教育者，也不要太急于替孩子找到一位合适的老师，而是应当先让孩子学会如何熟练写字。

如果一个孩子的母亲懂得绘画，并且十分耐心地教导孩子画画，那么这样成长起来的孩子无疑是非常幸福的，他们可以在母亲的引导下感知整个世界。当然，就算父母不会绘画，也可以帮孩子分辨色彩。

在孩子刚出生不久，家长就可以把一个红色的气球，绑在孩子手上，让它随着孩子的动作一样左右摇晃，孩子就会非常开心。之后，家长们每过一周，就给孩子换一种颜色的气球。可通过这样的游戏，让孩子懂得，什么是颜色、形状，以及物体的重量。

家长还可以在孩子身旁挂上各种画，摆放不同的雕塑，在孩子的婴儿时期就反复告诉他这些艺术品的名称，让孩子细心感知；或许，在孩子小的时候，他只注意这些艺术品的形状，并且逐步明白它们的含义。

为了让孩子们更好地认识世界，家长们应注意多让孩子接触美丽的东西，比如给他看图画、小人书等。因为小孩子还不懂事，因此对母亲的讲述和声音都非常感兴趣。

为了进一步培养孩子对色彩的感应力，家长还可以尝试用色标来引起孩子的注意，进行各种游戏。如果教育的目标是个男孩，更应该引起注意，因为男孩一般比女孩灵敏，但却色感迟钝。倘若小的时候不注意对孩子进行这方面的培养，将来孩子的发展很有可能会完全落后。

家长可以用各种颜色的物品和孩子游戏，用游戏的方式来促进儿童的发展。比如，两副不同颜色的牌，家长拿一副，孩子拿一副，当家长抽出某个颜色的牌时，孩子也必须相对应地抽出一模一样的牌。如果孩子出错了牌，那就说明他输了。

倘若家长觉得上面这个方法十分麻烦，也可以采用更简单直接的。比如，带孩子出去散步，在散步的过程中让孩子注意天空、湖水、树木、花草，以及各种建筑物和车辆，还有人们所穿衣服的颜色，以此来培养孩子对颜色的感知能力。

等孩子已经能够清晰地分辨各种颜色，这个时候就可以告诉他们各个颜色间的变换关系，并且可以和孩子一起去玩记颜色的游戏，让他们懂得什么颜色搭配上另一种颜色，会变成其他颜色，使孩子对色彩的掌握能力得到进一步提高。

11. 像学母语那样学外语

尽量在孩子非常幼小时就让他们掌握正确的发音，这一点进行的时间越晚，就越不容易完成。

在孩子学习本国语言的同时，应当让孩子同时学习外语，因为孩子不需要掌握什么规则，就可以轻松自如地表达自己的意思，那么学外语也应当如此。比如，倘若家长要教孩子学习意大利语，就应当在日常生活中也尽量使用意大利语。尽量在孩子非常幼小时就让他们掌握正确的发音，这一点进行的时间越晚，就越不容易完成。

在身临其境的情况下，孩子学习的速度非常快，只需要两三年的时间就能熟练地表达和与人交流了，就像两岁的孩子已经学会了说话一样。

12. 喜欢老师，有助于孩子喜欢功课

作为教师，应当经常表现出对孩子的喜爱，来消除孩子心中的畏惧。这种方式能恰当地激励孩子，使孩子十分轻松地接受教师的劝导，就像接受朋友的建议一样。这样的方法，不但能让老师对学生更加满意，也能让学生在老师面前觉得更加轻松自如。

教师的职责在于帮助孩子克服学习中和生活中的各种难题，所以作为优秀的教师，不应当斥责孩子。教师对孩子愈加严厉，只能证明他们的任性。在教师们看来，他们明白的事，孩子们也应当一看就明白，但事实上却并非如此。教师们应当意识到，自己的责任是引导孩子，让他们学习到更多的知识，而不是用各种教条去约束他们。对人们的生活而言，教条往往是最没用的。儿童根本不可能用教条来约束自己，即使是在需要教育的过程中，这种方法也可以稍做一定的变动。教师可以有意地设置一些难题来激发孩子的思维能力，让他们习惯于推理分析，但这种方法在他们年纪还小的时候并不适用，在他们刚掌握知识时也不适用。因为在这个阶段，新的知识对孩子而言实在太困难；而教育应当做的，是让事情变得容易，特别是开始学习语言文字时。教育者更应当注意，千万不要让孩子在知识面前表现出窘迫。

教师应当帮助儿童，还有另一个理由：孩子的心灵空间还比较脆弱，一个阶段里只能容纳一种思路。孩子如果心里想着一件事，那么在相当长的时间里他只会关注这件事，尤其是这件事在他脑海里留下深刻印象时。因此，在让孩子们学习新的知识之前，教师应当适当地把孩子的脑海"腾

空"，否则，新学的知识在孩子脑海里就是水过无痕，根本留不下任何的印象。儿童天性"喜新厌旧"，只要是一些新奇的东西，都非常乐意去尝试，但尝试之后就会很快厌倦。因此，孩子无法对一件相同的事情一直保持高度的注意力，他的兴趣往往来源于不断变更方法和内容。要想强行把孩子这种流动的思维固化下来，显然是违背他自己天性和意愿的。

人们可以发现，要想让孩子把注意力长久集中在一件事上，是相当困难的，对他们而言是一种痛苦和折磨。长此以往，儿童自然会转移注意力，从其他事上获得乐趣，不仅再也不会对应当做的事产生兴趣，并且整个人也会变得越发慵懒。

我发现许多教师一旦发现儿童在学习中分心，就会立即惩戒他们。其实这样做没有任何益处，反而会让孩子对学习越发厌倦。许多读者看到这里，都会情不自禁地回忆起小时候受老师责罚的情景。通常那个时候，他们的情绪都会非常糟糕，不但听不清老师在说什么，并且对他们正在学习的知识没有半点印象。

家长或者教师应当采取的正确措施是，在孩子们面前坚定自己的威信，再用这种威信去约束孩子；如果已经建立起威信，就应当慎重使用，而不能对孩子过于严苛，让孩子望风而逃。严厉的方法虽然能够约束孩子，却害处多多。因为儿童在恐惧害怕时，是十分不利于学习的，恐怖的感觉会像洪水一样，对孩子的心理造成巨大冲击。所以，作为老师，如果想让孩子非常轻松地掌握知识，就要注意维护你们之间平等和谐的关系，让孩子保持愉快的心境。因为任何一个人，都不能在别人吓得发抖时，在他的脑海里留下正确的印象，正如一个人无法在抖动的纸页上写下正确的字一样。

对教师而言，最高明的做法就是集中孩子的注意力，并且让这种注意力长久地保持下去；只要能做到这一点，就能让学生在力所能及的范围内快速提高，并且可以让学生在每学习一个新的知识时就事先明白它的益处。如此一来，学生在掌握新的知识点时，会比其他人快速得多。另外，在教育的过程中，教师应尽力保持和蔼的态度，让学生明白学习所有的知识都是为了他自己好。唯有如此，儿童才能一直保持愉快的心情，以及对学习产生浓厚的兴趣。

除非是对顽劣成性的孩子，否则一定不要使用惩罚和粗暴的手段。要想让孩子服从，温和的语言比严厉的惩治要有用得多，简单粗暴的手段只会起到相反的作用。很多时候，学生之所以越发顽劣，都是因为教师过于刚愎自用，一旦到了这种程度，就唯有使用鞭打了。

疏忽大意，漫不经心，做事没有条理，都是儿童年幼时很自然的现象，教师千万不能因此就对他们严加苛责。倘若教师经常因为这样的事而责罚孩子，就会让孩子越发胆小，一看见教师就心惊肉跳，哪里还有余力去学习功课呢?! 如此一来，教师专心的教导不但起不了任何作用，还会让之前的努力统统付诸东流。

作为教师，应当经常表现出对孩子的喜爱，来消除孩子心中的畏惧。这种方式能恰当地激励孩子，使孩子十分轻松地接受教师的劝导，就像接受朋友的建议一样。这样的方法，不但能让老师对学生更加满意，也能让学生在老师面前觉得更加轻松自如。只有学生拥有愉快的心情，才能及时学到新的知识；反之，如果教师所讲述的一切并不能让学生融会贯通，那么之前所有的合作也都白费了，学生会因此更觉忧虑，完全无法集中注意力去学习。

13. 教学方法永远排第一位

在许多地方，家长或者教师都非常注重用孩子容易接受的方式，比如讲故事、游戏等方式去教育他们，而不是生搬硬套课本上的理论。

俗话说"可怜天下父母心"，没有父母是不重视孩子、不把对孩子的教育放在心上的，但他们却往往不懂得采用正确的方法，因而导致对孩子教育上的失败。

在许多地方，家长或者教师都非常注重用孩子容易接受的方式，比如讲故事、游戏等方式去教育他们，而不是生搬硬套课本上的理论。以下列举的范例，就非常清楚地说明了这个道理。

一位老师突然在课堂上宣布："由于经费紧张，以前你们可以随意领取的铅笔，现在需要一元钱一支！"教室里立即像炸开了锅，学生们七嘴八舌，说什么的都有。"我爸爸只给我每天一元的零花钱，要是都买笔了，我用什么啊？""我身上的钱是用来吃午饭的，不能买笔。"面对孩子们的抗议，老师的表情却相当平静，并不动摇，"这是学校的规定，我必须执行。"

出于对老师的敬畏，学生们逐一妥协，先是家庭条件好的孩子购买了铅笔，其他孩子也纷纷屈服。就连最后那些坚持不交钱的孩子，最后也只得跟老师承诺先领笔，晚一点再把钱交上。

等所有人都拿到铅笔，老师才开口说出自己真正的用意："请大家用刚买的笔，在作业本上写下自己心里刚才的感受。"一下课后，老师才告诉所有人："其实我不想说谎，所以刚才老师都不敢直视你们的双眼，而只是想让你们体会一下国家新颁布收税法时所有公民是什么样的心情！"

大家可以试着想象，这样生动的教学方法，是不是更容易让人接受。

14. 死记硬背是徒劳的

当孩子年纪还小的时候，无论是家长还是教育者，都应当注意，良好的品德比丰富的学识更重要。教育者应当把大量的精力花在对孩子的心灵陶冶上，让他们养成正确对待人和事的心态。

知识的学习应当是轻松愉快的，遭遇那些枯燥的部分应当去除。例如，让孩子生硬地背诵许多历史人名、地名。良好的语言理解力是通过会话与阅读完成的，而不是死记几个人名便可以学好的；倘若一个人的脑袋里总是装着这样的知识，不过是变成一个书呆子而已。

可以想象一下，一个没有任何学识的人却要用各种华丽的语言来替自己掩饰，世界上再没有比这更可笑的事了，就像在一件破衣服上缝上华丽的绸缎，结果只是让自己显得更加可笑，丝毫不能增加自己的优雅，更无法得到他人的赞赏。如果一个年轻人看到一篇优美的文章，因为喜欢它的韵律或者词句，因而选择把它牢记下来，是可以理解的。但如果是要他牢记某些特定的篇章，或者某篇文章中的某一部分，我觉得没有任何的必要，反而只是会浪费这个人的时间，让他对书本产生更大的厌恶。

当然，也不是说用反复诵读的法子可以加深儿童的记忆力。但在我看来，一个人大脑的空间是有限的，如果用来记太多没用的东西，而那些有用的东西便再也记不住了。记忆力在人的各个阶段都会得到锻炼，没有必要再专门进行训练。薛西斯（Xerxes）能准确叫出他军队里十多万个士兵各自的名字，并不是因为他的记忆力接受过专业的训练，仅仅是因为他觉得士兵们对他而言相当重要。我觉得，这种非凡的记忆力并不是靠死记课本而获得，而是出于兴趣。一个人只会对他感兴趣的事，记得格外清楚。

孩子的记忆力，并不是用来整页背诵课文的，即使当时背下来，也会很快遗忘，留不下任何的印象，更无法改变孩子的心理。教育者应当告诉孩子文章的妙处，引发孩子的兴趣，才能让孩子记住学习的知识；而至于作者生平之类，也应当让儿童想记才去记，这样就会给孩子留下深刻印象。我还觉得，应当每天给孩子一些东西，让他们背诵记忆，不过前提条件是这些东西都是他们感兴趣的，并且对他们有用的知识。

当孩子年纪还小的时候，无论是家长还是教育者，都应当注意，良好的品德比丰富的学识更重要。教育者应当把大量的精力花在对孩子的心灵陶冶上，让他们养成正确对待人和事的心态。倘若没有矫正孩子品性上的缺陷，即使在其他学问上教给孩子再多的知识，都只会让他变得更坏。作为一个合格的教育者，应当具备的远不是书本知识，他应当谦和、守信、理智、仁爱，同时又非常善于与学生进行交流。

第十一章　培养绅士的其他功课

除了知识的学习、礼仪培养之外，对其他学问的科目，也应当进行必要的讨论。例如：如何通过大自然的现象来让孩子学习掌握物理和历史方面的知识？而作为一切学科基础的语文，应当怎样去学？如何让孩子多才多艺，以及出游增长自己的见识？

除此之外，还应该让孩子掌握一些木匠、农民的手艺。或许在一个高贵的绅士看来这似乎很难想象，也不符合社会发展的需求，但是不少伟人都掌握这样的技术。

1. 把孩子带到大自然中去

成功的家长应当培养孩子全面发展，而不是成天让他们去学着死读书。

大自然是人类最好的老师，他可以教给孩子无穷无尽的知识，并且会让孩子的身心感到愉悦。但令人遗憾的是，随着工业的发展，越来越多的孩子已经失去了接触大自然的机会。

家长应该多带孩子去郊外感受大自然，用各种事物向孩子讲述各种有趣的故事。因为大自然包罗万象，因此，可以涉及各方面的知识。比如有动物学、生物学、植物学、化学、地质等领域，家长们可以十分随意地摘下一朵花、拔下一根草让孩子进行观察，或者可以挖块石头让孩子进行研究；也可以观察毛毛虫，还可以给孩子讲毛毛虫变成蝴蝶的故事，以及蜜蜂的生活规律；孩子们可以通过研究这些小动物的集体生活来学到很多知识。

许多家长都为了孩子的不良行为发愁，但是他们不知道孩子之所以养成不好的习惯，是因为孩子们还不知道这样做就是将精力用在了不良的地方。倘若家长们将孩子带进大自然里，孩子们将没有任何精力去干坏事。此外，接触大自然还能让孩子的品德更加高尚。从古至今，凡是和大自然和平相处的人，都不是什么坏人。成功的家长应当培养孩子全面发展，而不是成天让他们去学着死读书。

通过更加广泛地接触自然，孩子们的身体会更加健康，精神也会更振奋。城市里的孩子远离大自然，很少呼吸新鲜的空气，所以他们的心情才会不好；遇到这样的情况，家长们应当及时将孩子带到户外去，让他们进行户外运动。

倘若你居住的地方离大海不远，那么就要经常带孩子去看海，一起在沙滩上捡贝壳、采集海藻、捉螃蟹，给孩子讲"海的女儿"的故事；还可以在沙滩上玩各种各样的游戏，建筑沙堡或微型地球仪，告诉它这上面蓝色部分就是大海，并且告诉他们哪里是大西洋，而大西洋周围又有哪些国家，这样就很好地传授了世界地理知识。

如果你家是在陆地，那么就带孩子去周围的森林散步；和他一起登山，站在高高的山顶上，眺望四方，然后将四周的地名告诉孩子，让孩子回家画成地图；而下次再与孩子散步时，让他在地图上标出山川、河流，再和详细的地图相对比，找出不同的地方，让孩子修改自己的地图，从而将抽象的地图概念教给孩子。

至于物理、化学、天文等方面的知识，也可以用类似的方法教导孩子。作为家长应当培养孩子对各个学科的兴趣，而不是被动地死记硬背。

2. 学地理要眼见为实

应当注重地理方面的教育。对孩子而言，正确了解地球的形状、世界上几大洲的位置，以及某些国家的位置和国界，是一种视觉和记忆力相互结合的训练，孩子会非常高兴地去学去问。

前面我已经说过孩子们在学习外语的时候，也可以同时教他们学习算术和地理、历史、几何。

在其他科目当中，首先应该学习的是地理。应当注重地理方面的教育。对孩子而言，正确了解地球的形状、世界几大洲的位置，以及某些国家的位置和国界，是一种视觉和记忆力相互结合的训练，孩子会非常高兴地去学去问。我的孩子从幼年起就从他母亲那里得到相关的训练，他还不到 6 岁就已经知道了这个世界上有几大洲和几大洋，倘若你去询问他，孩子立刻可以从地球仪上找出许多国家，并且还能随意指出其中一个自治区。他知道世界上所有的半岛、海峡和海湾，并且还可以指出任何经度和纬度。虽然这并不意味着他已经掌握了很多地理知识，但这是一个很好的开始。因为有了这样的基础，孩子将来再学习更重要的知识，就会非常容易。

3. 算术、天文学和几何

教孩子学习这些科目时，也应当注意从孩子最容易学会的地方开始，一点点地教，每次内容越少越好，直到孩子完全掌握所学的知识，再去教他新的知识。

在这些科目当中算术能力是一种思维逻辑能力，是孩子自然具备的。最初级的抽象推理能力，在我们生活和工作各个方面，都要经常使用它，无论是经商、建筑、财会，无论是计算工资，或者去商店买东西，都要用到算术知识，所以算术是人们最基本的技能。学算术最主要是让孩子们懂得数字的基本概念，可以从古人的结绳记数开始，把数字和生活中具体的事物联系起来，从而让孩子对数字产生更直观的印象，避免抽象的数字让孩子厌倦。当孩子学会加减法之后，多让他做应用题解决生活中的实际问题，这样一来，孩子自然就对算术产生浓厚的兴趣。

在孩子学习算术的时候，可以教给他一些地理知识，先让孩子弄清楚什么是两极气象带、经线和纬线，这样孩子就可以运用相关知识，在地球仪上找出每一个国家。当他们掌握这些基础知识的时候，就可以自由地对地球仪进行研究。他应该学习地球仪上有多少气象带，把赤道的位置记在心里；接着再让他们掌握各个星座，先在天球仪上教，再教孩子认识星空。

当孩子掌握了基础的天文知识，就可以告诉他一些关于行星的观念，比如哥白尼学说，告诉他各大行星在太阳系中的位置，每个行星距离太阳有多远。这样，孩子从很小就能懂得行星运行的规律，因为参照天空教学，所以孩子们理解起来非常容易。

教孩子学习这些科目时，也应当注意从孩子最容易学会的地方开始，一点点地教，每次内容越少越好，直到孩子完全掌握所学的知识，再去教他新的知识。在最开始的时候，可以给他最简单的概念，等孩子完全掌握这个概念，再找一个简单的概念加上去，不要急于求成，就这样一步一步往前教。这样，孩子的悟性能够得到很好的开发，思维能力大大进步，远远超过成年人的想象。除此之外，想让孩子牢牢记住知识，莫过于让孩子自己也当老师，把自己学习的知识教给其他孩子。

当孩子已经熟悉了地球仪和天球仪，就可以开始学习几何。我认为简单的几本几何书籍就足够孩子学习，学的太多也未必有用。如果孩子对几何学有兴趣，那么就可以让他深入学习。

地球仪应当充分应用，如果家长想知道儿童学习的能力，那么就应该早一点让他学习这些东西。对儿童的教育应当遵循一条新的规则：不管是什么事物，只要儿童觉得可以把握，尤是从感观上把握，只需要记忆，而不需要推理知识，都可以让孩子自己去掌握。比如在孩子年纪很小的时候，刚刚对自己所居住的房子产生概念时，就已经能够分辨地球上哪里是赤道、哪里是子午线、哪里是欧洲、哪里是英国。这时候，家长们完全可以教导孩子，只是要注意每次教的内容不要太多，直到孩子把学习的内容全部记住，再教他新内容。

4. 与地理同时学的历史知识

家长们也要注意，在教孩子学习历史的过程中，一定要从最浅显的地方开始，而不是一开始就让他们去学那些深奥难懂的东西，否则会打击他学习历史的兴趣；直到他们掌握浅显易懂的部分，再去学习新的知识。

历史也是一门相当重要的科学，学历史能让人了解社会发展规律，但它应该放在学习地理和算术之后。只有算术和天文地理作辅佐，孩子们才能把历史上发生的人文事件弄清楚并且很好地记住。

历史是一门很重要的功课，能让人从中获益。读历史会让一个人变得更加睿智，因而很适合孩子学习。但是家长们也要注意，在教孩子学习历史的过程中，一定要从最浅显的地方开始，而不是一开始就让他们去学那些深奥难懂的东西，否则会打击他学习历史的兴趣；直到他们掌握浅显易懂的部分，再去学习新的知识。如此一来，不管是多么深奥的作品，孩子们都可以很好地理解。

5. 诡辩是一种恶习

获取真理，必须要对事物加以充分成熟的考虑，而不是简单几句花言巧语就可以说明。

作为教育者，不能让孩子过分追求辩论的技巧，也不要让他们羡慕能言善辩，除非你想让孩子成为毫无价值的雄辩家，而不是希望他成为一个有用的人。最糟糕的情况就是孩子们会怀疑所有的一切，并且认为辩论只是为了获得胜利，而不是寻求真理。

世界上最不明智的方法，莫过于对已经证实的真理都表示不服从，无论对方的答辩多么无懈可击都誓不罢休，并且使用模棱两可的言论不断争论，直到自己获胜而不管自己说过的话是否恰当、有没有实际意义或者自相矛盾，只追求最终的胜利；对于事实的真相和真理任何一方都不肯承认，只是纠结于问题的本身，不断地进行辩论以取得言语上的胜利为荣。

获取真理，必须要对事物加以充分成熟的考虑，而不是简单几句花言巧语就可以说明。那些善于诡辩的人，总是给人一种刁难的感觉，他们闪烁其词，却总是词不达意。这是一种最无用、最讨厌的说话方式，不适合任何绅士。

6. 这样锻炼孩子的口才

如果家长希望孩子在口才上更进一步，可以对孩子进行专业的训练，比如学习系统理论这方面的文章，从而锻炼孩子说和写两方面的能力，并且熟练地掌握语言艺术，去阅读经典的文章，从中学习别人是如何用优美的言辞表达自己的思想。

倜若一个受过高等教育的人，不能在书面或者口头上很好表达自己的思想，无疑是种遗憾。我们发现很多家财万贯的人，或者有绅士头衔的人，却无法讲清楚一件事情；而这并非他本人的错，是因为小时候没有受到良好的教育。所以我认为觉得像这样的人只要通过不断的努力，是不会输给任何人的。或许他曾经在导师的教导下学习过如何运用语言表达自己的思想，但是说话这件事和所有记忆一样，不是仅靠几句话就能做得非常成功，而是必须遵循一定途径，通过长期的训练和时间的运用养成良好的习惯，才能顺利做好这件事。

例如，导师们经常让孩子用讲故事的方法来培养孩子们的语言能力，那么，我们可以先让孩子们讲他们知道的故事。当他讲故事的时候，导师们应该认真听取并纠正他的错误。等他可以正确讲故事，当孩子已经学会讲故事，你就要让他们将故事写出来。所有故事当中最适合儿童使用的是《伊索寓言》，其中很多故事既可以拿来讲述，也可以运用到写作中去。一旦孩子不再犯语法上的错误，能够将故事的几个部分连成一篇内容完整、前后照应的文章，并且衔接的部分不再生硬，那么可以说明孩子已经初步掌握语言的艺术。如果家长希望孩子在口才上更进一步，可以对孩子进行专业训练，比如学习系统理论这方面的文章，从而锻炼孩子说和写两方面的能力，并且熟练地掌握语言艺术，去阅读经典的文章，从中学习别人是如何用优美的言辞表达自己的思想。

7. 用正确的方式写作和说话

外语说得再好，只会得到他人的赞赏，但还是不如用自己本国的语言良好表达自己的思想来得更重要。

当孩子能够流利地写出一篇作文，就可以教孩子写信了。教育者应当注意的是，教孩子写信时，不必纠结于称呼和格式，而应注重写信的内容；让孩子懂得，写信的目的是为了发表自己的朴实看法，以及整封信的意思要表达得连贯。一旦孩子做到了这一点，他就应该继续进步。提高自己的表达能力可以尝试写些问候的、幽默的，或者调皮的语言，给远方的朋友送去欢快；同时也可以学着写商业或实际应用方面的信。我们在生活中需要写信的地方很多，所以信写得好不好不仅影响一些人事业上的成就，而且对他知识能力的考验比谈话更加严格。因为一个人在谈话时一时出错，或许很快就会被人忘记，但倘若写在纸上就会永远留下痕迹。

教育不应当忽略写信，对孩子进行写信方面的训练，一个成功的老师应当教导孩子如何运用本国的语言表达自己最为真实的想法，并将这些真实的想法传导给他人与他人展开交流，从而让孩子体验学习语言的快乐。

当一个人学会用正确的方式写作、说话，可以使他的谈吐更加优雅。尤其是对本国的母语，外语说得再好，只会得到他人的赞赏，但还是不如用自己本国的语言良好表达自己的思想来得更重要。

8. 趁早打好语文的基础

一个人在年轻的时候，就应该在学问上下点功夫，使自己获得真实的知识，并让这些知识成为自己智慧的一部分，在以后的生活中加以运用。

语文也是一门重要的课程。孩子们不会因为吸收太多的语文知识而觉得负荷沉重。语文知识无论对什么人都十分有用，它可以让高贵绅士们的学习更加丰富。如果人在年轻的时候没有很好地掌握语言艺术，那么他们就会对学问望而生畏，再没有决心和耐心去学习。就算他们以后年纪大了，想克服这方面的困难，再次重新学习也十分不容易，因为大了的时候，他们需要做其他事情。所以语文学习应该在一个人记忆力最强、记忆力最鲜明、记得最快的时候，由孩子的导师运用自己的力量去督促孩子们用功学习。我觉得世界上没有太多具备真才实学的人，就是因为在幼年时期忽略了这个问题。

语文知识方面的学习是最适合在幼年时间完成。当然，作为教育者和导师，应当认真考虑孩子学习的和掌握的是哪种语言和艺术，对大多数人来说，一些冷僻的言语在生活中没有什么大的用处。我的建议是：凡是认真想做学问的人都应该仔细考虑下面的话，而作为教育者更应该遵循这样的规律去教导学生。

"追根究底，这是一种强大的精神，也是研究一切学问最便捷、最稳妥、最如意的大道。所谓知识，应该从事物和本身去获得，而不应该间接地获得。经典的著作更不能被束之高阁，而应该仔细品味，烂熟于胸，一有机会就适当地沿用。要仔细地揣摩别人的作品，由别人的语言文字当中去体会它想表达的思想，再把这些思想连续起来做成自己的判断。世界上很多一流的书评家都是这样，作为一个年轻人应当努力让自己达到这样的境界，而不能依赖其他人的力量来获得。不需要别人的见解来引导你自己。他们的见解不是你的，会从你那里逃走。你自己的见解才是你思想中产生的东西，只有他们自己才能留得住，到了辩论和讨论的时候才会从你自己的脑海里生出。除了那些你实在无法理解的作品以外，不要轻易放弃阅读的兴趣。就算遇到真正的困难，你也要按照自己的方法去学习自己的学问；而不是像那些书呆子一样只把书堆满书架，而从不充实自己的大脑。有些人因为不想去读书，不愿意去研究语言方面的艺术，因而制造出一大堆垃圾作品，而等他们真正需要运用高雅的语言艺术时还必须清除大脑的垃圾，从而走了许多的弯路。"

上面所说的话看起来只对做学问的人才有用，但我们仔细思考就会发现，一个聪明的教育者，也应当采用这样的方法。一个人在年轻的时候，就应该在学问上下点功夫，使自己获得真实的知识，并让这些知识成为自己智慧的一部分，在以后的生活中加以运用。

9. 条理性和恒心

如果孩子在他求取学问的过程中，能够很清晰地辨别各种不同的现象，也就是对事物生出清晰的观念，他就已经学到了相应的知识。

教育者应当尽早让学生们明白，事物与事物之间、个体与个体之间都有一定的差别，让孩子们懂得他们在研究事物的时候都需要采用不同的方法；并且要让孩子熟悉各种不同的方法，让他从个体到整体，再从整体到个体；并且让他明白，在什么样的情况下采用什么方法才能更好地完成自己学习的任务。

例如，学习历史的时候，我们应当注重时间和地理上的安排，在哲学方面注重的是自然和次序，在心理方面注重的是个体感观。如果孩子在他求取学问的过程中，能够很清晰地辨别各种不同的现象，也就是对事物生出清晰的观念，他就已经学到了相应的知识。如果孩子还没有对事物形成明确的观念，那么就只能让他们掌握最简单的名词来加以辨别。

10. 舞蹈是孩子获得优雅仪态的最好方法

舞蹈动作本身是否标准并不重要，重要的是其本身表露出来的优雅气质。

除了从书本上获得知识外，真正的绅士还应当具备其他的素质，而这些素质将从实际活动中获得，需要花时间去学，还要导师引导。

学习舞蹈可以让一个人拥有优雅的气质，一旦孩子到了年龄和体力都允许的时候，就应当尽早地让孩子去学习舞蹈。家长应当为孩子物色一位优秀的老师，知道怎样才能让一个人的言行举止变得优雅得体，怎样让身体的动作更加优美协调，而且能够教导他人达到同样的效果。如果老师做不到，那么就不能聘请。因为，天生的动作比矫柔的动作让人觉得愉快。我觉得倘若一个人的言行举止做得过分夸张，那还不如依照他本来的样子。舞蹈动作本身是否标准并不重要，重要的是其本身表露出来的优雅气质。

11. 要让孩子懂得欣赏音乐

当一个人对读书和跳舞都感觉疲倦，他们应当做的，不是睡觉，而是找点别的东西来消遣，比如音乐。但是教育者应当注意，无法让孩子觉得快乐的事，也不能算是娱乐了。

倘若一个人懂得音乐，无疑是相当幸福的。一个成熟的人应当多听音乐，尤其是世界名曲。

对孩子进行音乐方面的培训，也必须从细看开始。如果孩子成长在一个音乐世家，那么孩子会非常幸运；但如果孩子的母亲不会唱歌，也不擅长乐器，那就比较麻烦了。家长最好能经常带孩子去剧院，为孩子营造一个富有节奏和韵律的生活。孩子可以从风中、雨中感受到音乐的旋律。比如，日本人喜欢在檐角下挂上风铃，它优美的声音对孩子十分有益。

除了让孩子懂得欣赏音乐，还可以让孩子听听故事，天天去朗诵一些优美的诗歌。特别是女孩，当孩子朗诵诗歌的时候，母亲可以跟随这些歌声翩翩起舞。有些人排斥舞蹈，这是不正确的。正如荷尔博士说，希腊人和罗马人之所以拥有优美的体型，是因为他们能歌善舞。

当然，不可能每个人都成为音乐家，社会也不会让每个人都去搞音乐，但如果一个人完全不懂音乐，生活就会非常枯燥，而他自己也不会觉得幸福。就算不懂得音乐，起码也要学会欣赏音乐。所以，教育者应当教授孩子一些基本的音乐知识。有的人认为，既然不想让孩子成为音乐家，让他们学习音乐就是在浪费时间。这种说法是完全错误的。因为没有任何艺术的生活就像沙漠一般，毫无色彩。因此，为了让孩子们的生活更加幸福，教育者应当让孩子学习艺术。

音乐和舞蹈之间有着非常紧密的联系，一个擅长于某种乐器的人，一定会得到大家的欣赏。不过年轻人如果想学会音乐，需要花费大量的时间；还有可能因为学习音乐，和一些有怪癖的朋友在一起，而这些朋友有时还是不交往为好。所以我认为，在所有技能的学习中，音乐应当排在最后，但是可以适当的学学；除非是那些在音乐方面有天赋的人，才需要在这方面花费精力去学。人生短暂，每个人都不可能做到无所不知，我们也无法集中精力去学习所有的东西。我们的精神和身体都很脆弱，需要生活在舒适的状态之中，才能创造出更多有价值的东西。一个会安排生活的人，应当把一部分时间留给孩子。一个年轻人，不可没有娱乐，除非他想提前衰老。

我主张，让年轻人花费时间去学习正经的事——就是那些对他最有用也最有成效的事，并且尽量通过最简单的方法去做。我在前面已经说过，即使是对孩子有益的事，也要让他们通过娱乐的方式去学习。并且我相信，只要导师认真地观察学生的气质和兴趣，用心调教，是能够做到的。当一个人对读书和跳舞都感觉疲倦，他们应当做的，不是睡觉，而是找点别的东西来消遣，比如音乐。但是教育者应当注意，无法让孩子觉得快乐的事，也不能算是娱乐了。

12. 骑马和击剑应该学习吗

除了之前提到的所有技能外，骑马和击剑也被认为是绅士所应当具备的技能。所以我认为，应当把这个问题留给家长们去考虑，家长们可以根据孩子们将来要从事的事业，以及可能获得的社会地位，选择是否让他学习骑马和击剑。

　　骑马在大多都市里都需要学习，因为它是一种十分健康的活动，还能让人变得更加镇定和优雅。不过，它是不是非学不可，还需要家长和导师们仔细考虑。应当注意的是，导师们应该让孩子们把时间和精力用在最常用、最见成效的事上。

　　我觉得，击剑是一项不错的体育运动项目，但是它具备一定的危险性。凡是擅长击剑并且因此觉得自负的人，往往都喜欢争斗，他们一旦遇上有关荣誉的事，或者稍微被人触怒，就要去决斗。有着这样的个性，确实害了不少人，造成许多的家庭悲剧。如果一个人没有学过击剑，就会从小避免与亡命之徒为伍，更不会轻易触怒别人，以至于与他人性命相搏。

　　除了之前提到的所有技能外，骑马和击剑也被认为是绅士所应当具备的技能。所以我认为，应当把这个问题留给家长们去考虑，家长们可以根据孩子们将来要从事的事业，以及可能获得的社会地位，选择是否让他学习骑马和击剑。在日常生活中，击剑和骑马是基本上不会用的，就算是古代最勇敢的民族也不必精通。而且我认为，随着社会的发展，决斗最终会不复存在。

13. 手工技艺有益孩子身心健康

　　小孩的天性就是喜欢忙个不停，并且喜欢新鲜的事物。对于这样的天性，教育者应当理解，并加以引导。

　　我知道，以下言论会遭受旁人怀疑，觉得我已经忘掉了我们正在讨论的是对孩子进行教育的问题。但我还是要说，一个真正的绅士应当掌握一种手工艺术，并且最好是懂得其中的两三种，如果有一样十分擅长，自然最好。

　　小孩的天性就是喜欢忙个不停，并且喜欢新鲜的事物。对于这样的天性，教育者应当理解，并加以引导。让孩子同时学两种手艺，有以下几个方面的益处。第一，学习的技艺本身是有用的。在人类掌握的技能当中，不仅语言和科学方面的技能有用，其他比如缝纫、园艺、木工，甚至厨艺的技能都是有用的。第二，就是练手工的过程。不需要太动脑，并且有益于身心健康。对孩子而言，有些知识是可以知道也可以不知道的，但他还是应当花一定时间去获得，就像读书识字，以及一切培养精神方面能力的活动，必须要静静地去完成。作为一个身份高贵的人，从小就不得不花费大量的时间去做，而手工劳动主要是肢体方面的劳动，不仅能训练手和指的技巧，还有利于调节身心，因此这件事也应当教育孩子去学习。作为那些需要大量时间伏案工作的人，更应该主动学习和掌握一两门手艺，来进行调节；不过要根据自己的兴趣进行选择，不必太过勉强。因为强迫式的命令永远只能让人觉得厌恶，引起反感；只要一有机会，他就会想放弃，并且在做的过程中也得不到任何的快乐。

14. 如果不是特别有天分，最好别学画画

倘若一个孩子天生喜爱画画，他可能会因为集中精力学习这件事而忽略学习其他有用的知识。而如果孩子天生不喜欢画画，又何必浪费他的精力和父母的金钱呢?!

在各种各样的技艺当中，要不要学习绘画，很有争议。但我是倾向于学习画画的。人们常常觉得，如果一幅画画得不好，会非常难看的；但如果想画好，又需要花费大量的精力去学习。倘若一个孩子天生喜爱画画，他可能会因为集中精力学习这件事而忽略学习其他有用的知识。而如果孩子天生不喜欢画画，又何必浪费他的精力和父母的金钱呢?! 另外，我还有一个不赞成绅士学绘画的理由，那就是绘画是一种要求静坐不动的娱乐方式，其运用精神往往多过于对身体的运用。因此，与其让孩子一动不动

地坐在那里画画，还不如让孩子读书。因为孩子在读书的过程中，还可以经常站起来活动一下身体，但如果是画画，一旦画起来必须完成某个细致的部分，否则很难站起来休息。因此，我认为绘画不是一项很好的活动。当然，如果孩子具备绘画方面的天赋，则另当别论。

15. 园艺和木工最好都会点

之所以让孩子学习园艺和木工，是为了让孩子通过一些健康而有益的活动，释放他自己的体力，用正当的方式来获得读书之外的消遣。

如果一位高贵的绅士住在乡间，那么以下两种技艺很值得选择：园艺和木工。如果有条件，最好两者都学学，因为不管是园艺也好、木工也好，对一个读书人的气质都是很适合的。人的精力不能总是专注于同一个事物，或者同一种方法。特别是现在的读书人缺乏活动筋骨的机会，因此，要找到一种既能给精神解闷又能让身体放松的方式，园艺和木工再合适不过了。如果天气好可以做园艺，如果天气不太好可以在屋里做木工活，并且绅士学会木工和园艺就可以指导他的园丁以及匠人们做他喜欢的东西。虽然，这不是绅士学习园艺和木工的主要目的，而只是一种消遣、一种娱乐，目的在于让绅士通过一些健康的劳动来释放他们的体力，或者消遣和娱乐。

16. 大人物的泥腿子

古代那些流芳百世的大人物，均懂得用体力劳动来进行调节。他们觉得在决策国家大事后，进行一些体力劳动无伤大雅。

古代那些流芳百世的大人物，均懂得用体力劳动来进行调节。他们觉得在决策国家大事后，进行一些体力劳动无伤大雅。而且他们常常会选择劳作或者打猎当作平时忙碌工作的调节。犹太的基甸翁被请出来前，一直从事打铁的工作；而罗马串辛那塔斯在被召回带领军队前，则在田间工作。他们作为伟大的政治家和军事家，也能亲自去田间干活。老伽图作为罗马共和国的政府要员，也十分精通地里的活。而赛勒基的"园丁"身份也丝毫无损于其皇帝的尊严。历史上不少明君都是热爱劳动的。

大人物的消遣方法就是务农和打猎。比如，历史上著名的政治家和军事家，他们在空闲时间也会亲自耕作农作物，或者从事园艺、木工方面的工作。纵观人类历史，此种事例比比皆是。

17. 娱乐是换一种工作方式

当一个人熟练地掌握一门技艺，都会对它产生浓厚的兴趣。我觉得有的人或者不便扫其他人的兴，而去应个景、打打牌或者玩玩其他游戏，但他们对这些事情很快就会产生厌倦，而专注于那些正经的事，虽然说人类也有消遣的欲望。

大家或许质疑，把娱乐当成消遣是否正确。其实娱乐本身并不消极，娱乐只是换一种方式让身体和心灵都觉得舒适，体力劳动和脑力劳动应该互相调节。比如，很多古老的国家的贵族都喜欢以狩猎方式来进行消遣。当一个人熟练地掌握一门技艺，都会对它产生浓厚的兴趣。我觉得有的人或者不便扫其他人的兴，而去应个景、打打牌或者玩玩其他游戏，但他们对这些事情很快就会产生厌倦，而专注于那些正经的事，虽然说人类也有消遣的欲望。

18. 学习正当的手艺不会妨碍正业

如果人们从小能远离那种无所事事的习气，主动学习和掌握一门有用的技艺，对他们的人生而言，自然是非常有益的。或许这些技艺与他们的工作并无任何关联，但我觉得，这比让他无所事事地消磨光阴实在要好太多。

所谓游戏，在一般人眼里，就是用来消磨时间的东西，其中以妇女为最。这也是一个十分明显的事例，说明没有人愿意整天无所事事，不管怎么样，他们都会找些事情来做；否则，人们怎么会花费好几个小时，连续不断去做那种枯燥的事。从赌馆里走出来的人，如果再去回想当时的场景，一定不会再觉得有丝毫的快乐。因为赌博不能给身体与心灵带来任何的益处。如果只是为了钱，那么赌博便成了一项生意，并且是非常可耻的生意；很少有绅士是通过赌博的方法来发家致富，即使有，最后的结果也是声名扫地。

娱乐的作用是让人紧绷的心灵获得松弛，从而重新振作。同时，娱乐除了让当事人感到快乐外，对他们日后的工作也会产生相当的益处。社会上之所以流行一些无聊的消遣方式，完全是因为人们虚荣地炫耀自己的财富，例如打牌等。人们将闲暇时光用在这些事上，很大程度上并不是为了娱乐，只是因为找不到更好的休闲方式，人们忍受不了空闲时间的沉闷，但又没能掌握相应的技艺，才只能去找些无聊的事来打发时间。但他毕竟还是个成熟而理智的人，在他的理智还没有完全被恶习控制之前，就无法从毫无意义的游戏中获得快乐。

我不是不允许年轻人参加活动，也不希望年轻人变成一个愁苦的或一脸正经的人，更希望他可以十分轻松自如地参加到朋友们的游戏和娱乐中去，尽量和朋友们打成一片；只要是符合绅士身份、可以去做的事，不必显得太格格不入。所以说最好不要沉迷打牌之类的游戏；但空闲时间，多和朋友聊天，多参加一些社交活动，还是非常不错的。在我看来，年轻人在工作之余，应当抽出部分时间来学习技艺。人类当中之所以很少有多才多艺者，并不是因为没有充足的时间，而是因为缺乏实践。年轻人每天只要肯花一个小时在技艺上，也会获得非凡的进步。虽然这种消遣的方式完全没有任何的益处，但只是为了排除那些不好的消遣方式，也值得大力提倡。

如果人们从小能远离那种无所事事的习气，主动学习和掌握一门有用的技艺，对他们的人生而言，自然是非常有益的。或许这些技艺与他们的工作并无任何关联，但我觉得，这比让他无所事事地消磨光阴实在要好太多。

如果年轻人不喜欢以上提及的技艺，不妨尝试一下插花、茶艺、雕刻、钟表制造等更为精细的技能。我相信，只要不是天生懒惰，就一定可以从中找到自己真正喜欢的技艺，而这些技艺在传统的教育教学之中根本不可能涉及。一个人学会读书、谈话和舞蹈之外，还会有很多空闲的时间，如果这些时间没有引导到正当的方面去，那么他有可能会学会很多糟糕的玩法。我可以肯定，年轻人很少愿意安安静静地坐在某个地方，如果他表现出来乐意，则说明他的生活已经出现某种缺陷。

19. 教你的孩子学会记账

如果想让你的孩子养成良好的开支习惯，应当从孩子很小的时候起，并且在基础学科中增加指导消费的课程，让孩子从小认识到金钱的重要性，从而具备健康的金钱意识。

如果家长觉得"工匠""手艺"等名词，是一种羞辱，那么另外一件关系颜面的事就是——账目，聪明的家长应当懂得这也是一件值得孩子学习的事。

商业统计学或许不能帮助一个绅士创造财富，但却能帮他管理现有的财富。凡是可以把收入适时入账，并且能做到收支平衡的人，大都不是败家子。很多人就是因为不懂得这方面的知识，或者不会这方面的技能，所以都到入不敷出的地步，甚至欠下高额的债务。因此我建议，作为一个绅士，应当好好地学习统计学，并且牢牢地掌握它；不要觉得它和自己扯不上任何关系，只有从商的人才会去学它。

如果一个孩子学会记账（这与其说是与他们的算术能力有关，还不如说是与他们的理智有关），家长可以让他们从家里的日常开支，或者一场游戏的花费着手，要求他们大致记录清楚。当然，我的意思并不是要孩子把每一笔支出都交代清楚，否则就会受到责骂。家长们应当理解孩子们的心情，并且他们自己也经历过那样的时代，应当理解孩子的想法。之所以提倡让孩子们学会记账，是因为对他们一生有益。如果想让你的孩子养成良好的开支习惯，应当从孩子很小的时候起，并且在基础学科中增加指导消费的课程，让孩子从小认识到金钱的重要性，从而具备健康的金钱意识。

有一位十分富有的商人，他的儿子因为从小在富裕的环境里长大，从而养成了花钱大手大脚的习惯。商人知道后吩咐账房，以后若是他的儿子再去取钱，就让他自己数钱，能数多少就拿多少。读者看到这里，或许会忍不住好奇地问，这有用吗？可事情的发展却出乎人意料。这个小小的约束给富商的儿子增添了不少的麻烦，有一天，富商的儿子数钱数得累了，忍不住想，我只是数数钱，都会觉得痛苦和麻烦，而这些钱都是我的祖辈们一点点积攒起来的，那他们该是多么辛苦。从那以后，富商的儿子自然而然地改变了大手大脚花钱的习惯。在对于金钱的态度上，每个人都应当懂得花钱必须节制，因而学会记账；这样不仅可以很好地约束自己，还可以准确地把握自己的财务状况。

世界上许多国家，都已经在孩子小的时候，便制定了有关金钱的教育，并且从家庭、政府、学校三个方面监督执行。

美国许多家庭，家长们总是从小教导孩子，让他们参与家务劳动，从而获得报酬，当成他们的零花钱；而高中、大学必须写下欠条，在将来有能力时必须进行偿还。而在美国，学校教育会采用模拟社会的方式，让学生掌握金钱流通的规律。

在国外和一些教材中，还有归纳总结人生每个阶段需要什么，以及商品在社会中是如何流通的等相关内容。如果想让孩子养成良好的开支习惯，应当从孩子很小的时候起，并且在基础学科中增加指导消费的课程，从小让孩子认识到金钱的重要性，并且养成健康的金钱观念。

国家应当从家庭、政府、学校三个方面对孩子进行综合教育，让儿童认识到金钱的重要性，并且养成健康的消费观念。

20. 旅行长见识不要安排在青春期

孩子在青春期之前，性格是比较温顺的，并且不会忤逆大人的意愿，因此比较好管理。当他们长大到一定年龄，就会形成强烈的自我意识，再也不会服从家长的管教。

最后，教育孩子还有一部分，是关于旅游的。人们常说："读万卷书，不如行万里路。"因而教育是提倡和鼓励孩子进行旅游的。之所以将旅游放在最后进行讲述，是因为这一章的内容完成后，家庭教育整个过程也就完成了，教育已经相当成功地培养出一个绅士。

到世界各地去旅游，借此来增加孩子的见识，对孩子而言，是一件非常有意义的事。但在我看来，在最适合的年纪里安排孩子出游，其实并不利于孩子领悟旅行本身的益处。旅行的意义在于，一方面让孩子学习外语；另一方面，增长见识，接触不同的人，了解他国不同的风俗，再与本国进行比较，从而不断成长。遗憾的是，安排孩子去国外游学的时间，是16～21岁，却是一个人一生当中最不适合出游的年纪。

儿童正确掌握语言发音的时机，是在 7 至 18 岁之间，最好有导师陪在身边，因为导师可以用正确的语言和孩子交流，并且加深儿童对周围事物的认识。倘若孩子长大到一定年纪，就不愿意再接受任何人的约束，觉得自己已经能很好地掌握自己的一切。但实际情况是，他所习得的知识/储备的经验，都不足以让他抵御风险。倘若在这个时候，让导师把孩子带到远离家乡的异地去，不是把孩子置于危险中去吗？在孩子激情四溢的时节，导师的威严或许还能约束孩子；一旦过了这个年纪，孩子开始喜欢和人交往，并且觉得自己已经长大成人，对社会上的事开始跃跃欲试，觉得再接受他人管束是一种耻辱当孩子有了这样的意识，导师就会失去对孩子的控制，并且再没有任何心思听取导师的教导，不会将导师看成是他获得自由的大敌，即青春叛逆期。如此一来，导师怎么还能教育孩子呢？

在人的一生中，叛逆期是最容易发生危险的，应当把这个时期的青少年放在家长身边好好管教。孩子在青春期之前，性格是比较温顺的，并且不会忤逆大人的意愿，因此比较好管理。当他们长大到一定年龄，就会形成强烈的自我意识，再也不会服从家长的管教。

因此，我认为，送孩子外出留学，可以在孩子更小一些时，还能听从父母的管教；不然就在他已经成年之后，孩子已经能很好地进行管理，并且看到什么值得留意的事就会用心观察，获得的知识也会让孩子一生受益；而且孩子也对本国的风俗、人情以及本国传说有了相当了解，可以同他国人士交流，并且深入地进行讨论。

21. 错误的时间安排会让孩子的旅行一无所获

带孩子外出旅游时，陪同的导师应注意保护孩子；当孩子遇到陷阱时，及时把他们救上来，对孩子所有错误的行为，必须及时矫正。

许多年轻人出国之后，并没有得到任何进步，很大程度上是因为他们选择出国的时间不对，就算他们可以看到一些东西，那也只是片面的、肤浅的，对于他们的人生并没有任何益处。因为青年人出行，还需要人给他们打理生活必需品；而他们所谓的求学，不过是走走形式而已。

因为孩子们有导师陪伴，回国之后可以把所有的错误都推到导师头上，他们需要做的，只是饶有兴趣地观察他所遇到的人，揣摩他们的意图，而从来不会自己想办法应对。带孩子出游时，陪同的导师应当注意保护孩子；当孩子遇到陷阱时，及时把他们救上来，对孩子所有错误的行为，必须及时纠正。

22. 旅行中的受益应该从交流开始

通常有名望的人都不会主动接触那些还跟在导师身边的年轻人，但倘若是一位举止大方得体的绅士，面对来自他国的客人，十分谦逊地想要了解当地的风俗习惯、法律法规，那么他一定可以得到当地最有名望者的帮助，因为人们总是愿意接待那些富有智慧且彬彬有礼的人。

正确认识世界需要一定的方式方法，不应当指望孩子在短时间内掌握这些方法。如果出游并不能让孩子增长见识，不能让他们学会如何从容地与他人进行交谈，不能让孩子变得谨慎，透过外表浮华去揣摩事物内在的规律，不能从与他人的谈话中获得知识，那么他的出游便没有任何意义，不过是在白白浪费时间和精力。一个真成熟的绅士，到了国外之后，能够十分自然地与当地有名望的人进行交流，成为朋友。但那些由导师带着出国的年轻人，有几个曾经拜访过他国的上流人士呢？至于和他们成为朋友，则更加不可能。通常有名望的人都不会主动接触那些还跟在导师身边的年轻人，但倘若是一位举止大方得体的绅士，面对来自他国的客人，十分谦逊地想要了解当地的风俗习惯、法律法规，那么他一定可以得到当地最有名望者的帮助，因为人们总是愿意接待那些富有智慧且彬彬有礼的人。

23. 最合适的出行年龄

　　导师的责任在于如何才能培养出一个合格的绅士，当家庭教育的整个过程已经完成，孩子已经长大成人，便应当把他交给自己的妻子了。

　　当然，不管上面的道理说得多清楚明白，要想在短时间内改变人们固有的观念会非常困难。家长们觉得，总不能让孩子在儿童时期就出国旅游，因为他们年纪太小，看起来十分容易出事。实际上，孩子长到青春期，再去出游，其危险性远比儿童时期要大得多。同时，也不能让孩子留在国外，等长大到一定年纪再出游；因为孩子到了一定年纪，就应当回国结婚生子。从孩子的未来、健康、家庭生活等多方面进行考虑，虽然可以把孩子结婚的事稍作推迟，但这并不是导师应当干涉的事。导师的责任在于如何才能培养出一个合格的绅士，当家庭教育的整个过程已经完成，孩子已经长大成人，便应当把他交给自己的妻子了。

附录　约翰·洛克的家庭教育格言

◇其实要孩子健康很简单，一句话概之：若要小儿安，三分饥与寒。

◇节制的精神，无论是对于身体的健康，还是对于个人事业的发展，都是十分重要的。

◇孩童时期是习惯形成的初期，而这个时候的孩子对父母的依赖很高，孩子将来是强健还是娇弱，全赖父母的培养。

◇自然法则，是最聪明的法则。

◇不能从粗糙的木碗里饮到甘露的人是十分不幸的。

◇一个人的品德，是扎根于天性的习惯，而不是为了继承财产伪装出来的善良。所以，孩子不可缺失的教育，来自指引其未来生活的原则，这是作为父母要及时给予他们的首要任务。

◇如果大人对于孩子过度溺爱，会让他养成只懂得接受而不懂得如何付出爱，每天只会接受来自各方的爱，却不知道该如何回报。

◇一旦坏习惯养成是改变不了的，我们只能通过培养好习惯以取代。

◇胃需要选择好的食物，大脑对知识也要挑选。

◇美好的道德和善良的品行源自能通过理智来克制自己的欲望。同时，不断加强这种能力，养成良好的习惯，并不断地实践，强化其效果。

◇如果我们在孩子幼小时便严格管束，一定会令其变得温顺而礼貌。

◇为人父母，应该清楚孩子的自尊，自信以及丰富的想象力十分珍贵，遭到破坏后是极难再建的。

◇如果孩子在受到惩罚后，其内心的羞愧感还比不上他对体罚造成的疼痛的害怕，那么惩罚就是毫无益处的。

◇用东西来诱惑孩子，会鼓舞孩子享受，这也是一种纵容，会造成将来更加可怕的嗜好。

◇把身体上的痛苦与快乐当成奖罚手段，用来支配儿童，是不会有好的效果的。

◇一定要让孩子明白，只有足够优秀，才配拥有更好的东西，从而让他们明白，只有获得足够的尊重才是开心的事情，而受到羞辱则很可耻。

◇直到他能真正地认识自己的错误，诚恳地请求原谅并真心改过，才恢复他的名誉。这个办法只要坚持下来，我相信，比打骂孩子能起到更好的作用。

◇自律是一切幸福的基石，作为有远见的家长，应该及早地培养孩子自律的品质，最好是启蒙教育就开始，这是所有的父母都应该注意的事情。

◇沮丧是比放荡不羁还要坏的情绪。

◇而只有触动孩子内心深处的羞耻心，让他开始紧张自己遭人厌弃，才算得上对孩子产生了约束，从而达到让孩子守规矩、知荣辱的作用。

◇受到尊重的孩子才会懂得尊重他人。

◇父母懂得了玩耍对孩子的影响，不妨将想要孩子做的事情也安排得像玩一样，让他在玩乐中学习和进步，这可比约束孩子的天性强多了。

◇最好的教育方式无外乎反复练习了，这样产生的记忆和作用都会长久。

◇对于那些天性之中带有暴力或邪恶倾向的孩子，应及时制约其邪恶的一面；对于那些天性善良和友好的孩子则应该给予鼓励，同时，还应加大鼓励孩子的天赋，发展他的才能。

◇伪装的优雅只会离优雅更远。

◇事实上，最能影响孩子言行举止的，还是言传身教。

◇孟母的苦心，培养出了影响中国甚至整个世界的儒学大师。而她择邻而处的方式，作为教子成功的典范，是最值得后世父母学习的。

◇想要让孩子拥有美好未来，获得良好生活习惯，能良好处理各类事件，就决不要让他从同学身上学到鲁莽、诡计以及粗暴的品性。

◇德行的培养是全世界极有价值和最高尚的事业，可是在今天的社会里却被教师们忽视了，从而造成培养了众多沽名钓誉的伪君子，这不能不说是一种遗憾。

◇父母应该明白，孩子很小就懂得模仿成人了，因此不能做坏榜样影响孩子。

◇父母对孩子的爱是天经地义的，而一旦这样的爱丧失理智，造成没有节制的扩张，便会扭曲成为溺爱。正如饮食无度弄坏孩子的身体，宠爱及放纵也会对孩子的性格造成不良影响。

◇什么样的教育方式才正确呢？正确的方式是让孩子对于你想让他学习的事物产生兴趣，如此一来，他们就自然用功了。

◇父母应该教导他们主动去问老师"应该怎样做"，取代老师给他们下达的命令。如此一来，他就会自愿主动地学习了，和玩游戏一样自觉。

◇通过培养孩子有理智的方法去教育他，在他正做一件事时指导他做其他事情，经过他的理智分析，觉得应该服从，他便会迅速地改向去做另一件事。

◇孩子们喜欢游戏的原因，在于游戏的自由，孩子们的自由一旦被剥夺，那么就算是游戏也变得索然无味了。

◇孩子受到的责罚应越少越好。一些责骂尤其是怒气冲冲的斥责，只会起到糟糕的作用。

◇对儿童的惩罚要遵守这样的原则：不罚则已，一罚便要产生威慑力，一定要达到彻底教育他的目的。

◇一定要避免儿童向邪恶靠近，以及他们心理上走向邪道。此外，儿童于不同年龄表现的所有幼稚的行为，会随他们年龄的增长而改善。他会懂得调整自己去适应年龄的改变。

◇通过身边具体的事实去让孩子学习或规避，这是最温和和深刻的。

儿童由于疏忽大意犯下的错，如果看见别人在做相同的事所产生的不快结果，他也会厌恶这种行为并为自己曾经所做的感到惭愧。

◇只有在万不得已的情况下，父母才可以动手打孩子；但只能在事态严重，一定要让孩子记住时，才由父母亲自执行，避免孩子记不住。

◇如果父母能重视，及时扼杀孩子错误的行为或念头，就用不着总是吵吵嚷嚷甚至用棍棒来对付他们了。但要是我们宠坏了自己的小宝贝，令他的过失根深蒂固了，就一定要将锄头深到根底，将其连根拔起以绝后患。

◇教鞭下的教导只能让孩子勉强去学。因此，认为儿童需要鞭笞才肯学习语言文学的想法是错误的。

◇如果鞭笞不能发挥其效力，那就不再是善意的教导，反而变成了父母盛怒下的报复。此时惩罚不但无法收到效果，甚至还会因此激怒孩子，令其加强对抗的力度。

◇应由孩子学说话开始，在他身边安排拥有谨慎个性和清醒头脑的导师，导师最好还能具备聪颖天资。由这样的导师引导孩子上正轨，阻断一切孩子接近坏事的机会，远离坏伙伴的影响。

◇尽管理想的导师极难遇见，但只要父母花费足够的金钱及精力去寻访，还是有希望达成的。我可以担保，你如愿得到好导师，便不会后悔所花掉的金钱，而且，孩子的收获会让你觉得这是所有花掉的钱中最合适的一笔。

◇钻石十分贵重，但是其原料金刚石并不具有夺目的光彩，没有人会将它戴在身上。只有经过打磨和镶嵌，才会焕发钻石的华光。美德作为精神的宝藏，其光彩来自于礼仪。受到大众欢迎的人，一定是具备优雅气度的人。

◇如果孩子在青少年期便懂得人情世故，就等于其具备了重要条件。因此，导师应谨慎引导年轻人渡过这关，而不是像现在这样，令孩子离开导师教导后，任凭个人的经验来面对社会。这样是十分危险的，无数的例子证明，年轻人在脱离家教之后，容易变得骄奢淫逸，从而走上邪路。我认为这是由于教养过程中有过失，是忽略人情世故造成的。

◇要预防孩子走上社会后的不适应，最好的办法就是对孩子说实话，在他置身社会之前，将社会的情况如实告诉他。

◇大部分的家长，往往着重于孩子学习拉丁文以及类似的知识，但这并非绅士必须学习的。绅士最重要的是具有成功人士具备的品德，而合乎他身份举止的表现为：在其自身从事的行业中有所建树，从而对国家和社会作出贡献。

◇身为父母，要明白唠叨无法对孩子起到教育的作用，这不过是在给家长的辛勤找平衡罢了。

◇父母想要孩子对自己敞开心扉，就必须先对其开诚布公。

◇想要取得孩子的信任，父母一定要用信任的态度对待孩子。

◇特别是在谈及道德和礼仪时，不妨只说事例，交给孩子来评判对错。

◇在孩子表现优良时，父母自然而生的赞美，也会让孩子感受到父母的关注和爱护，便会产生反哺之情，这是源自子女对父母的真诚敬仰。

◇如果父母在孩子幼年时便树立了威信。在发现孩子出现坏习惯苗头时，应温和地制止，令其觉得耻辱，同时改正不良行为。这一切有赖父母及时发现孩子的天性，同时在孩子天性尚且自然随意时，尚不懂得掩盖个人缺点时，便找出孩子的缺点。

◇我可要再次提醒父母：不管孩子的表现怎样，最值得父母，而且是唯一值得父母思索的问题就是，这件事对孩子的心理会产生怎样的影响，将会让孩子养成何种习惯，是否会影响他们未来的生活。只要父母有适当的鼓励，就会引导他们未来的正确成长。

◇绝对不可以压制孩子的淘气，这是他们幼年时特有的天真，而并非不听话。待到孩子不再淘气，就表示已经长大成人了。

◇当家长要求孩子去完成指定任务时，首先应当让他们从内心深处觉得欢快和愉悦。在孩子对某个任务还没觉得厌倦前，再让他们尝试去做其他的事，能令孩子身心愉悦，对周围一切产生浓厚兴趣。

◇孩子从很小的时候起，就应予以正确的引导，鼓励孩子把自己的物品分给他人，从分享中感受快乐，还可以得到别人的赞赏。

◇若孩子仍然一遇到挫折就大哭不止，说明他仍然执着于自己的欲望，痛哭只会让他更加任性。如果家长因为忍受不了孩子的任性而在这个时候选择去满足他，等于是在默许孩子可以随时放纵自己的欲望。

◇家长们应该培养孩子慷慨大方的品质，学会把最好的东西给予他人，只有如此，才能让孩子变得更加慷慨，平易近人。

◇最应当引起父母重视的是如何让孩子从精神上变得强大。这方面的体现，在孩子身上尤为显著。坚定的意志是让孩子养成其他品德的前提，倘若一个人意志力薄弱，就绝不会养成这样的品质，这对一个人而言非常重要。

◇一旦孩子懂得吃苦受罪都是为了他着想，他虽然是受了苦，但在这个过程中表现出来的勇气，却受到所有人赞扬，让孩子感受到成功带来的快乐。

◇所谓"挫折教育"，是在适当的时候让孩子吃些苦，让他们亲身体会打击带来的不良情绪。尤其重要的是让孩子适时总结失败的原因，鼓励孩子进行反复尝试，通过练习来获得自信，让孩子学会站起来，不断前进，直到走向成功。

◇另外，家长们应当注意的是，如果孩子做了坏事，或导致什么严重的后果，倘若只是出于无心，儿童在做的时候并不清楚会对他人造成什么样的伤害，也不是故意为之，那么，教育者应当给予适当的提醒，而不应该采取过度激烈的惩罚性手段。

◇无论在怎样的境况下，都不能让孩子养成不尊重他人的习性。儿童表现越是傲慢，对他们的斥责就应当越严厉，让孩子变得更为宽厚。

◇儿童们不管问出什么样的问题，教育者都应耐心地、仔细地回答，就算他们问的问题非常可笑，教育者也不应当嘲笑他，而是应该尽可能仔细地回答他提出的所有问题，并且在他的感知范围内，用他们可以接受的方式，仔细讲给孩子听。

◇求知欲望强烈的孩子每问一个问题，应该都值得教育者沉思，不可随意回答。

◇如果家长经常不遵守自己的承诺，会对孩子造成非常不好的影响。儿童对父母的信任与热爱，会因为父母一次次说话不算数而大受打击。这样的事若多次发生，儿童就会完全不把家长的话当作一回事。

◇理性的思维能力，应当得到细心的呵护与培养。只有当一个孩子拥有充分成熟的理性思维能力，并将其运用到解决实际问题中去，才算已经成为一个成年人。

◇所有的创新，都是与常识或跟其他人意见相反的。所以，家长若不允许孩子有自己的主张，就会妨碍孩子成长，最终让孩子成为一个毫无主见、只会随声附和他人的软弱的人。

◇如果孩子的懒惰仅仅只在读书上，那就不必太担心，只要仔细地培养孩子读书的兴趣就好；但如果孩子从本质上变得懒惰，事态就十分棘手。

◇倘若孩子的"懒惰"并非源于天性，而是对学习产生了厌倦，那么引导者可以让孩子自由地去做他想做的事，并且不要给予孩子任何干涉。

◇对于孩子的这种惰性，一定要大胆地激发他们所有的兴趣和欲望，因为他们缺少的正是欲望，而欲望是一切行动的原动力。应该引起教育者的注意，并对其进行培养，进而激发孩子的动力和热情，彻底地告别懒散的坏毛病。

◇作为教育者，应当多多发现孩子的优点，再加以引导和教育，让孩子的天才之光闪现出来。

◇现代人都提倡亲子活动，而让孩子适当地参与家务劳动，也是亲子活动的一种。让孩子多劳动，其实比单纯让他读书，更利于他的智商发展。

◇对孩子教育的技巧就是把让孩子应当去完成的任务，变得像游戏一样轻松愉快，让孩子自己从中选择去做他的家长或其他教育者希望看到的事情。在这样的情境下，只要把孩子培养好，那么其他孩子就会跟着模仿，形成良好的风气。

◇调查发现，很多家庭并没有采用恰当的方法，在教育孩子的方式上，不少家长都存在错误的观念，或者一厢情愿地从自己的喜好出发，或者出于功利心理，看见某个明星走红，就送孩子去演艺班；看见谁在奥运会上得到冠军，他们就送孩子去搞体育。这样不停折腾，不但耗费大量的金钱、时间、精力，并且孩子也没能得到相应的教育，反而白白浪费孩子的天赋。

◇小孩子在幼年时做的每一件事，都可以培养他正直的人品、高贵的个性为目标。所以，任何会让孩子养成不良品性的事，都应当杜绝。

◇教育者必须从孩子很小的时候就阻止他说谎，并且要抓住机会，在孩子面前反复讨论那些和说谎有关的事例，同时表现出厌恶，让孩子深深懂得说谎是一种不明智的行为，是一个人一生中最大的耻辱。倘若一个人经常说谎，就会让自己落入尴尬境地，和地痞流氓没有任何区别。

◇家长都不允许孩子说谎，但大多数时候家长因为想躲开来客，就会让孩子告诉客人自己不在家；或者有家长不喜欢的客人来访，家长反而会让孩子表现出极大的热情。这样就会让孩子感到困惑，对孩子的心理造成很大的困扰。

◇教育者应当让孩子明白诚实坦白的益处，借以养成诚实无欺的习惯。但教育者应当注意，不可让孩子因为诚实无欺而受到责罚；而是，只要是儿童足够诚实，教育者应当给予他相应的鼓励。

◇倘若孩子听到有关妖魔鬼怪的传说，而吓得无法入睡，父母就应当好好安慰，消除孩子的恐惧心理。这件事情绝不可拖延，而且是越早进行越好。

◇家长还应当及早让儿童学会爱别人，诚实地对待别人。事实上，世界上大多数的不公平，都是因为人们很多时候太爱自己，而不会尊重他人、怜悯他人所致。

◇因为小孩子的心灵非常单纯，教育者播下思想的种子，就会收获行为，播下行为的种子就能收获习惯，播下习惯的种子就能收获品德，播下品德的种子就会收获命运。

◇品质的土壤是自尊心，如果一个人失去自尊心，其他所有的品质就会被瓦解。一个社会上正常的人之所以会变成醉鬼、乞丐、赌鬼和盗贼，都是因为失去了自尊心和自信心。

◇世界上所有人都不能做到让身边任何人看不出其诡计，倘若一个人的诡计被人看透，那么所有人都会讨厌他，一致联手来对付他，让他变得一文不值。而那些坦诚、公正和真正拥有智慧的人，会得到别人的尊重和支持，这样他就可以得心应手地从事任何事情并获得成功。

◇有些时候，家长也应当拿出行动。特别是别人期待我们走出来的时候，我们一定要自信、从容地表现出来，千万不可以惊慌失措。一个成熟的人应当适当地尊重所有人，尤其是那些有身份和地位以及年长的人，但是也不能过分的谦卑。

◇父母应该让孩子学会观察那些真正有教养人士的言行举止，并鼓励他们认真学习。

◇之所以要大力地提倡礼仪，很大程度上是为了让人与人之间能更好地相处。

◇只有懂得如何让对方觉得舒服，同时也让自己保持相应的身份，使自己与对方处于平等的地位上，才算是掌握了为人处世的艺术，都会时时处处都得到他人尊重。因此，养成良好的礼仪习惯，对孩子和青年都十分重要。

◇要让自己的言行符合礼仪规范，同时又尽量不让人觉得是伪善和谄媚，需要学习十分巧妙的技巧，更需要仔细观察那些有一定社会地位和处世经验的人。

◇父母可以在对孩子的教育上相应放宽尺度，也许在注意礼节的人看来，这是相当不恰当的，我却觉得无足轻重，可以通过时间、引导及社会实践完成。

　　◇普通人一旦开始热烈讨论，往往无法控制自己的情绪，很容易忘记应当保持的礼节，变得急躁。对于他人的这种行为，人们通常会生出反感，而当相同的事发生在自己身上时，我们却经常不以为意。

　　◇常言道：父母陪伴孩子半生，朋友陪伴孩子一世。朋友会对孩子的一生产生十分深远的影响，甚至比父母教给孩子的一切都更持久。